浦賀近辺御固図
猿嶋
旗山崎
十石崎
観音崎
鳶の巣
亀ヶ崎
鳥ヶ崎
明神崎
亀甲岸
見魚崎
舘浦
平根山
千代ヶ崎
鶴崎
千駄崎
1000m
地図横須賀市平成5改正

南浦書信

ペリー来航と浦賀奉行戸田伊豆守氏栄の書簡集

浦賀近世史研究会 監修

未來社

戸田伊豆守氏栄の写真。ペリー来航時アメリカ側が撮影したもの
(戸田忠寛氏提供)

南浦書信　乾・坤（東京大学史料編纂所蔵）

(上）戸田伊豆守氏栄の位牌（表・裏)。戸田氏の菩提寺・谷汲村円立寺に安置されている。

(下）ペリー来航 90 年を記念して建てられた戸田伊豆守氏栄顕彰の碑（戸田忠寛氏および三島晃映氏提供)

装幀――伊勢功治

南浦書信

――ペリー来航と浦賀奉行戸田伊豆守氏栄の書簡集

凡例

一、本書は、浦賀奉行戸田伊豆守氏栄が、同僚の浦賀奉行井戸鉄太郎弘道に宛てた二十三通の書簡を月日順に編集したものである。

一、書簡の原文は、井戸達夫氏が所蔵されていて、それを大正三年八月東京大学史料編纂所が書写所蔵されていた。今般私どもが、東京大学史料編纂所のご好意により、編纂出版することが許された。

一、文章は原本の形をできる限り生かすようにつとめたが、読みやすくするために、次のように手を加えた。

1、原本には句読点が付いていないが、文意により、句読点を付けた。

2、漢字は主に新字体を用いた。

3、変体仮名は平仮名・片仮名に改めた。

4、判断できない文字は□で示した。

5、意味のとれない文字には（ママ）を付けた。

6、注記の履歴については、特に注釈していないものは「柳営補任」「維新史料綱要」（東京大学史料編纂所編）に拠った。但し年号については改元日を基本とした。

一、解読および年表・地図・注記の選定・作成は、浦賀近世史研究会の鈴木亀・古谷彦逸・町田康子・佐藤由紀子が行なった。

南浦書信の刊行に寄せて

ここに、浦賀近世史研究会の人々の労苦が実り、『南浦書信』がようやく出版されることになったことを、多少お手伝いさせてもらった者の一人として、心よりよろこびたい。

『南浦書信』とは、ペリー来航時の浦賀奉行であった旗本戸田氏栄が、同僚の浦賀奉行で江戸在勤の井戸鉄太郎に浦賀より発信した私的書翰集（東京大学史料編纂所所蔵）である。時期的には、ペリー来航直前の一八五三年四月末日から、来航当日の直前までと、六月下旬から七月下旬、少し間をおいて、同年の十一月から十二月のものである。ペリー来航直後のものが存在しないのは、我々にとっては残念なことだが、来航直後には、その応対のため戸田は昼夜を通して忙殺されており、また受信者の井戸鉄太郎も、六月九日には浦賀に来て、戸田とともに、ペリーより米国大統領親書並びにペリー書翰を受領しなければならない立場にあった。このため両者ともに、私信を往復する余裕が全く欠けていたので、それは致しかたないことであろう。

その内容は、土居良三氏の解説に詳しいが、概要を述べれば、浦賀台場の建設、ペリー艦隊出航直後の幕府派遣使、バーク型の三本マストの洋式艦鳳凰丸の建造、浦賀奉行所与力香山栄左衛門の待遇問題等々、日米和親条約交渉の裏面史が、率直な筆致で物語られている。更に、この書翰の中から、ペリー来航当時の老中阿部正弘、同牧野忠雅、勘定奉行松平近直のトロイカを中核とする幕府内の権力構造を始めとする幕政史と幕府制度史にかかわる貴重な諸情報を我々は引き出すことが出来るのである。

ところで、何故、このような浦賀奉行の貴重な史料が、これまで十分知られてこなかったのだろうか。現在まで、ペリー来航から日米和親条約締結にいたる過程を知るために利用されている活字史料は二種類ある。一つは『続通航一覧』である。これは幕府儒者の林家が編纂した幕末対外関係史料集であるが、一八五六年頃に編纂されたものであり、依拠する典拠は公的なもので、戸田書翰といった私的なものは、始めから調査・編纂の対象にされてはいない。

あと一つは、東大史料編纂所編纂の『大日本古文書　幕末外国関係文書』シリーズであるが、ペリーの一八五三年第一回来航の部分は、一九一〇年の刊行となっている。

他方、この『南浦書信』は、当時いまだ文科大学史料編纂掛といっていた一九一四（大正三）年八月に、受信者の御子孫である井戸達夫氏のところにあった原史料を編纂掛が借用して筆写したものである。従って、編纂の時期より遅れて蒐集された史料ということになる。

編纂史料集の場合、編纂後に蒐集した重要諸史料をどのように情報化していくかは今日まで大きな問題であるが、『幕末外国関係文書』編纂の場合には、その編纂下限が一八六七（慶応三）年におかれていたため、先が急がれ、翌一八五四（嘉永七）年の編纂に入ったのではないだろうか、と私は考えている。

私はこの八月まで、東大史料編纂所に勤務していたが、ある時、旧知の土居良三氏から、浦賀近世史研究会の人々が『南浦書信』をとりあげて勉強し、その成果を活字化することを希望しているが、協力してくれ、と依頼され、史料の読解等で多少のお手伝いをさせてもらったのである。但しその気持の一端には、自分も関与してきた『幕末外国関係文書』が、編纂し終った後に出てきた外交史料も、いろいろな方法で活字化し、研究者や関心のある人々に利用してもらわなければならない、という自責の念も存在していた。これは『南浦書信』のみならず、戦前期にはほとんど編纂に利用出来なかったロシアを含む諸外国の文書館の所蔵する対日外交関係史料に関しても同様のことがいえるのである。

しかしながら、現実問題として、史料集の出版ほど出版社にとって不人気なものはない。幕末外交史に限ってみても、前述の『続通航一覧』や『幕末外国関係文書』が、前者は優に一世紀半の、後者もほぼ一世紀に近い長期的に利用されるのに比し、戦前期の外交史研究は、ほとんどが今日迄にその生命を終えているにもかかわらず、である。私はつねづね「論文五年、史料百年」といいつづけているが、出版の難易度は正にその逆である。

このような厳しい時期に、未來社が出版を引きうけてくれたことに、私としても感謝したい。

二〇〇三年は、ペリー来航一五〇周年に当る。その直前に、このような良質の史料集が刊行されることは、再度、その歴史的意義を学術的に検討する上での、有力な手掛りとなるに違いない。「新しい視角の前提は、新しい史料の発掘である」、ということは、依然として歴史学の鉄則であるからである。

二〇〇一年十二月九日

国立歴史民俗博物館館長

宮地　正人

乾（自四月至七月）

（四月晦日）

内御用状拝呈、追々夏色相変候所、倍御清穆奉抃賀候、当表静穏御休意可被下候、

一今般は結構被為蒙仰御同役ニ相成重畳目出度奉存候、爾来無御腹蔵様被仰合奉願候、

一伝達帳可差上処、水野筑州(1)江昨年用立いまた相戻り不申候故、同氏より御転覧可被下候諸事同氏江御問合御座候様いたし度候、

一下曾禰金三郎(2)去ル廿五日当地着之御届昨廿九日附ニて筑州江向ヶ差立候処、転役ニて御引送り申上候ハヽ、着日限同氏転役前ゆへ、御口上添、御同朋頭を以て御進呈可被下候、夫共筑州被取計候哉難計、まつ此段申上候、

一同心柴田伸助武術御見分之儀、来月三日四日頃之よし筑州より被申越、尤、御治定次第被仰下候趣ニは御座候得共、夫ニ而は間ニ合かね候間、明朔日早朝当表出立為仕、二日昼頃迄ニ

は御地着可致と奉存候、右故もし三日ニ相成り候共朔日達し有之候共、無相違着之事故、達し御答之儀無御掛念御取計可被下候、是は昨年之例ニて差出し候事にて、御先勤中ニも内幕御承知ゆへ大キに安心仕候、いさゐハ筑州より可被申上候、打太刀江同心差出候事、詰合之廉々少し如何ニも御座候得共、此儀筑州と相談同人相心得被居候積りゆへ、若何そ故障も御座候ハヽ、申披方筑州御相談可被下候、

一南蛮鉄車台、大方出来ニ付、在勤同心河野四郎左衛門帰浦之セつ、附添持帰之積り、尤、車屋七兵衛河岸より直に船積之積り、右持出し等之御入用も相掛り可申歟、是等も可然御取計可被下候、いさゐ筑州御伝達可有之候、

一交代与力小笠原甫三郎(3)同断同心中田佐太郎儀、明朔日出立之積りニ御座候、

右之段申上度、余は三日出定便ニ万々可申上候、早略乱揮、頓首

四月晦日　　戸田伊豆守(4)　印

井戸鉄太郎(5)様

再伸、時令御厭専一ニ奉存候、いつも内御用状中は御同僚限り之事故、端書に至而ハ如何之私事をも不包相認候得共、当便は科々ゆへ別紙ニ可申上候、以上

注

（1）水野筑州（筑州）　水野筑後守忠徳［忠篤］。
天保十五辰六月十三日　西丸小姓組斉藤伊豆守組ヨリ西丸目付
弘化三午八月八日　使番
嘉永二酉七月廿八日　先手弓頭
同年十月九日　火附盗賊改加役
同五子四月十五日　浦賀奉行
同六丑四月廿八日　長崎奉行（同年七月十八日露使プチャーチン長崎来航）
安政元寅十二月廿四日　勘定奉行（長崎・浦賀・下田・蝦夷地の事務ニ参ゼシム）
同二卯正月十八日　下田表為御取り締り被遣
同四巳四月廿五日　長崎奉行兼帯
同年十二月三日　田安家家老
同五午七月八日　外国奉行
同六未八月廿八日　海軍奉行
同年十月廿八日　西丸留守居
文久元酉五月十二日　外国奉行
同二戌七月十三日　箱館奉行（赴任セズ）
同年九月　隠居［下総守］
（2）下曾禰金三郎　下曾根金三郎信之。洋式砲術家高島秋帆について砲術修得、天保十二年免許。
嘉永二酉六月五日　小姓組坪内伊豆守組砲術教授として浦賀表派遣『通航一覧続輯付録巻之十』
同五子九月廿日　小姓組大岡豊後守組ヨリ二の丸留守居（砲術教授として浦賀表派遣）
嘉永六丑三月廿五日　砲術教授ノ為浦賀ニ派遣
安政二卯八月九日　先手鉄砲頭
同三辰四月廿三日　持頭、講武所砲術師範
（3）小笠原甫三郎　幕府普請役山口茂左衛門の子、天保十三年長崎奉行組与力小笠原貢蔵の養子となる。本人の語るところでは、西洋流砲術を下曾根金三郎に師事し皆伝を得、佐久間象山とも親交があったという。

嘉永元申五月　浦賀奉行組与力
同六丑七月　富士見宝蔵番
同七寅七月　勘定所留役助

浦賀与力時代について、「頭ニ奉行アリ、組頭アリ、又同列ニハ故僚旧輩有テ、自ラ余カ意ノ貫徹セサル事ヲ成ス、余毎ネニ之ヲ不快トス」［小笠原甫三郎小伝］とあり、本人は不本意であったようである。横浜開港資料館編『十九世紀の世界と横浜』幕臣小笠原甫三郎の生涯・石崎康子による。

（4）戸田伊豆守　戸田伊豆守氏栄［寛十郎］。寛政五年六月廿九日生。父は御書院番戸田主膳氏友、祖父主膳氏孟は天明四年〜同七年、長崎奉行を勤む。

天保十二丑閏正月廿四日　西丸小姓組遠山安芸守組ヨリ徒頭
同年七月朔日　使番
同十四卯二月朔日　目付
同年七月朔日　印旛沼古堀普請為御用罷越
同年　九月廿四日　駿府町奉行
弘化四未正月廿五日　日光奉行
同年二月九日　浦賀奉行（同年二月廿八日格別厚以思召千両拝借）『通航一覧続輯付録巻之九』
［註］同日付　一柳一太郎、浦賀奉行ヨリ日光奉行
同年四月一日　諸大夫被仰付
嘉永五子九月廿日　御備場之儀出精相勤候に付御勘定奉行次席勤役内年々金二百両ツツ被下
同六丑六月九日　応接掛トシテ同僚浦賀奉行井戸弘道（註5）ト共ニ米国使節ペリーニ会シ、大統領フィルモアノ親翰ヲ受ク
同七寅六月四日　西丸留守居
安政四巳二月廿四日　大坂町奉行
同五午八月廿一日　於大坂卒（註・実際の死亡日は七月廿日である）

（5）井戸鉄太郎　井戸鉄太郎弘道［石見守］。
弘化三年十二月朔日　西丸小姓組大嶋甲斐守ヨリ徒頭
同四未八月十日　西丸目付
嘉永元申五月廿六日　目付・海防掛り
同年九月廿日　朝鮮来聘御用
同六丑四月廿八日　浦賀奉行
同年六月九日　応接掛トシテ同僚浦賀奉行戸田氏栄（註4）ト共ニ米国使節ペリーニ会シ、大統領フィルモアノ親翰ヲ受ク
同年十二月十五日　大目付、海防掛り
同年十二月十六日　町奉行井戸覚弘・目付鵜殿長鋭・同堀利忠ト共ニ、外艦浦賀渡来ノ際ニ於ケル応接ヲ被命
安政二年七月廿六日　卒

（五月二日）

定便内御用状拝呈、逐日薄暑相催候処、倍御清穆被為在抃賀之至奉存候、拙轄如旧平穏御休慮可被下候、

一宿継御差立御内状共拝展いさゐ謹承、御混雑は嘸かしと遠察、拙義も御存之住居、其後其儘ニ而数年を経、五ヶ年駿地ニ在住帰郷、乍ち当職を蒙り、実ニ当惑仕出格之思召ニ而莫大之

拝借危急を凌き、漸両三年落付候仕合故、憮々と計り存上申候、先便旧来之御懇命に任セ如何之事をも申上恐縮、乍去当セつ当職被為蒙仰候も御同僚ニ申上候ハ如何ニ御座候得共、御大慶ニも可被為在、何卒御勇勤被為在候様いたし度、拙義も此度は大安心ニて御伝達も仕候事ゆへ、聊無御腹蔵可被仰下候、御凌方当節之処、何卒厚御勘弁被為在候様いたし度、御相談筋ハ無御遠慮可被仰下候、総而五千三千余之被勤候先蹤ニ従ひ候故、御役成ニも甚迷惑仕候、此度も留守家来とも総而膠柱之御伝達も可仕、実に於てハ無余儀次第多く虚飾ニ過候事等ハ無御遠慮御省略専一ニ御座候、

一見魚崎(6)仕寄場一条ハ先頃御内問合も御座候事ニ而御先勤中御評議被仰候も可有之、右は其職々ニ就而論判仕候事故、夫ニ拘り候訳ニも無御座候得共、余り御くひ違ニ相成候も面白からす、去迚御意衷も難計甚た当惑、就而此建議之文段甚たよろしからす、圭角之文体多く候故、其セつも筑州江相談仕候処、見込強く、何分拙意も通しかね、無余儀其まゝニ而進呈仕候処、果して御船無之故ニ、見魚崎江仕寄場取建候様ニ相聞候、其挙足ニて御諭相下り候処は、御先勤御場所か司農府(7)よりか評論発候事と被存、至当之御尋故今更連名之拙、殆と当惑仕候、進呈之書面ニてハ兵家者流之議論之様ニて、事ヶ間敷相成候得共、其実は海岸御警衛ハ四家受持(8)ニて、西浦賀辺まて彦根持と被仰出、奉行は湊内御警衛而已応接専務と相成候処、与力・同心はしめ気配を失ひ、鉄炮稽古も断念と相成行可申と存候より、湊入口へ軽キ御台

場御取建、大砲も御据有之候へは、稽古も出来御世話御座候鉄炮術永続いたし、かつハ湊御固と申名目も相立、申さハ御固ハ先陣、奉行所ハ根城本陣之体裁をも相備候故、拙一人勤中工夫いたし申立候事ニて、湊口御台場は建白之如く被仰付候、然ル所明神崎(9)ハ東浦賀入口、見魚崎ハ西浦賀入口故、湊左右ニ御筒相据候へは、いかにも御膝下枢要之湊口御警衛の形勢宜敷、是を以て力を尽し異艦を打沈メ功力を顕し可申抔との義ハ、抑末之論にて、たゝ門番所へ三ツ道具を飾るか如キと同日之論ニ御座候故、書面も軽く認かたにてすらりと可相済処、ちと大造過、かつ案察仕候所、御入用もわつかにて、組勤事も無之、外に繫累無御座候へ共、御廻し之大筒御引足かね候故ニ書候事ニは無御座候哉と奉存候、是ハ右ゆへ湊固両口之門番、飾り道具と被思召纔之御入費故被仰付候様仕度、御船之儀は、戌年中(10)書在勤中四艘御焼(11)失後いまた一艘も御造立無之余り之事ニて、山田三育知行所之者より、蒼隼丸形今ハ晨風丸と申候一艘献納、其他は其まゝ故これをも同船之格好にて被仰付候ハヽ、是ニて浦地之御警備ハまつ一段落と奉存候ゆへ、御船も出来いたし候様仕度、此二ッ孰れを先孰れを跡と申処甚た困り申候、跡と申セハまつ出来ぬ事ニ可相成、尊慮無御腹蔵御見込可被仰下候、依之進呈書面表状ニて差上候間、何とそ御勘考之上御異存無之候は御上ヶ相願申候、扨御覚書御下ヶは例之通り承り附いたし差上候へ共、一応七左衛門(12)江御談被下返呈いたし方可然哉、又は絵図面・書面共御下ヶ相願ひ別段ニ書面さし上候方歟御尋可被下候、多分此まゝ承り附ニて御下

ヶ之書面ハ返上ニて可然と奉存候、

一久須美之問合書はハットいたし申候、いさゐ答書いたし差上申候、是ハ御内談ニて名前抜候訳ニは相成間敷哉、内々御相談可被下候、左十郎之甥ニは無之全御抱入之セつ之名目計りニ相見申候、

（上欄注）此一条ハ公限り御先役へハ必御話し被下間敷候、

一此度御普請上納金之事ニ付、別紙歎願書さし上申候、是は筑州(1)被相心得松河内(13)江談し被置相願候而も不相当ニも有間敷との事故、書面さし上申候、福相(14)公江御直に御上ヶ被下候様仕度候、

一明神崎御台場も追々出来ニ相成り可申、御据筒之申立中、井上・田付両家之分一挺ツヽハ相廻りかね候よし下曾祢鋳立中も暴母迦農は大森江相廻り、廿四封度カノン・十八封度カノン・カロルン・モルチーイル二挺ハ当かたへ相廻候様なる御評議とやら相聞へ申候、弥其御評議ニ候哉、何卒早く片付申度と奉存候、御手心承知仕度候、都而是迄申立事等御評議之趣ハ相伺度、尤、其役々之事ニて当勤ハ又当職之見込有之候得共、余り評議ニ相触候事主張いたし候時ハ事も永引、却而御為に不相成候故、何卒御打明ヶ御異見相願申候、

一御役所御引受無之候而は、諸書物御手元ニ無之、御差支ニ相成可申候間、留守家来へ被仰遣進達留・諸向往復掛合留・御用状留等之類、早々御引取専一ニ御座候、

一監察(15)と違ひ遠国奉行ハ同役も居合不申、扨々不取極り多く其御当座ハ是ニ而も済かと可被思召候、遠国奉行在府中心得と申もの一冊有之、御用ニも相立間敷候へ共差上申候、追而御返却相願候、

一十日限米、御城米其外町奉行御勘定《カ》奉行江定例達し候もの在勤同心持参為致候事故、留守家来へ御達し例之通取計候様被仰遣候へは相済申候、乍去是ハ仕来ニ御座候へ共、実ハ御殿には直達ニても宜敷、三ヶ月溜抔と申ハ嵩張候故如何ニも御座候、御含可然御取扱可被成候、

一与力・同心短冊明細帳ハ筑州より御譲受ニ相成候へハ、大ニ手数相減大慶故宜御相談可被下候、

一筑州より当月三日四日之内参政御見分之由故、手都合次第御見分受候者差出候方ニも可有之哉と被心附候故、万一御役成御混雑等ニて御通達行違候而は差支と存し、柴田伸助事朔日出立為致候所、晦日附御文通ニ而は中旬過ニも可相成よし、左候而は余り日数も掛り出府日限相嵩候義ハ、実ハ当人共迷惑も可仕候間、伸助御呼出し一旦帰浦いたし、猶又御沙汰次第出府いたし候様被仰含候様ニ奉存候、夫共当人宜候ハヽ、格別左もなく候ハヽ一旦帰浦いたし、追而被仰下候次第、早々出立、御見分日限前日昼前迄ニ到着仕候ハヽ、御間ニ合可申、昨年も右之振合ニ取計申候、御程合等御見計よろしく、差図可被下候、

右申上度、乱揮早卒御有怒可被下候、頓首

五月二日　　　　　　　　　　　　　　　戸田伊豆守　印

井戸鉄太郎様

再伸、時下御厭専一ニ奉存候、拙無異乍憚御放念、

一異船渡来次第其進退動遥悉く御届書宿次ニて尊邸へ海陸共ニ差出し申候間、即刻海防掛り御月番江御持参用人を以て御晋呈可被成候、

一印鑑木札等之事ハ留守家来より申上候事と奉存候、

一御証文御願御役知計りニ而ハ御願ニ不及と奉存候、

一御印鑑御差出之せつ、古キ振合ニてハ御金蔵丈ヶ抜居申候、辻茂右衛門(16)御役金有之候故、差支申候故其思召ニて御差出し候事、

一御役所御引受ニ相成候ハヽ、廻船問屋御目渡し有之候事、在勤与力江御尋之事御目渡し相済与力へ百疋、同心へ五十疋遣ハし申候、

一指物、雛形の指物書、分限帳・御親遠類書横明細書等振合御問合例之通御差出之事、

一在勤与力・同心交代之節、飯并吸物・酒等遣ハし、帰浦之節与力江百疋、同心江弐朱ツヽ遣ハし申候、外ハ不存、拙かたハ吸物取肴二種手塩皿へ盛り酒壱升ツヽ添在勤部屋へ相渡し申候、給仕等之手も不抱、先キも歓候様子ニ御座候、御懇命ニ為任申上候、膳も同様鉢と鍋ニて其まヽ遣し申し候、

一在勤部屋相渡し候節、竃道具一通り午鹿相渡申候、留守家来より可申上候、同心江は一人扶持塩菜代渡し申候、是ハ江戸在勤之御扶持被下候事故、当らぬ様なれ共御在勤之節一人扶持ツ、返上ニ相成り申候、

一進達書面へ御覚書添御下ヶ之節は、直に御承附ニて御返上御覚書計り当かたへ被遣、上包江何々之申上と申銘書誰殿誰を以て幾日御ヶ承附ニ而本紙幾日御返納と御認メ可被遣候、

一御仕置伺相下り候ハヽ、早々宿次ニて御廻し可被下候、

一御老若御側衆被仰付候方御座候ハヽ、御序次第可被仰下候、歓呈書差出候故、三役衆之変革ハ可被仰下候、

一御座之間御役替ハ定便之せつ表御状ニ被仰下候例ニ御座候、此外とも科々可有御座候へ共、まつ意中に浮み候事計り認散して前後不文御判覧可被下候再拝、

又申上候、組頭より与力・同心名前書為差出候間差上申候、御落手可被下候、

注
（6）見魚崎　地図参照。
（7）司農府　勘定奉行所。
（8）四家受持　弘化四未三月十九日、四藩の警備地域を定める。相模は鎌倉から野比以南を彦根藩、以北を

川越藩。房総は富津から竹ヶ岡を会津藩、以南を忍藩担当とす。（年表参照）

(9) 明神崎　地図参照。

(10) 中書（浅中書）　浅野中務少輔長祚。

　弘化二巳三月十五日　先手鉄砲頭
　同四未五月廿七日　浦賀奉行
　嘉永五子閏二月十日　京都町奉行
　安政五午六月五日　小普請奉行
　同六未八月廿八日　思召有之御役御免（一橋派）

(11) 四艘御焼失　嘉永三戌七月一日、屋形浦御舟倉ヨリ出火。蒼隼丸・千里丸・日吉丸全焼、下田丸半焼。横須賀史学研究会編『浦賀書類上』67頁。

(12) 七左衛門　竹村長十郎。

　嘉永元申九月十六日　奥右筆ヨリ奥右筆組頭
　安政三辰八月　死

(13) 松河内（河州・松河州）　松平河内守近直。

　天保十五辰八月廿八日　目付ヨリ勘定奉行勝手方
　安政四巳五月廿二日　留守居次席
　同年　七月廿四日田安殿家老

(14) 福相公（伊勢殿・勢州）　阿部伊勢守正弘。

　天保十四卯閏九月十一日　奏者番・寺社奉行兼帯ヨリ老中
　安政四巳六月十八日　卒（『懐旧紀事』浜野章吉編纂）

廿五歳で老中、…弘化・嘉永期には、海防政策に追われた。嘉永六年ペリー来航時には、米国大統領書簡を受け取り、翌年、日米和親条約を締結して日本を開国に導いた。阿部正弘の改革としては、大船製造の解禁、長崎伝習所の開設、講武所を開き洋式兵制を取り入れ、蕃書調所を創立し洋書を講習、人材の抜擢等が挙げられる。

（15）監察　目付。
（16）辻茂右衛門　嘉永三戌三月五日　甲府勤番大草能登守支配ヨリ浦賀奉行支配組頭
同七寅九月廿一日　林奉行

（五月十二日）

定便内御用状拝呈、時下倍御清栄被為渉抃賀無量、当地依旧帖妥御降軫可被下候、
一明神崎・見魚崎は東西浦賀左右之出崎にて両全致度事は尊慮も御同符ニ御座候へ共、御先勤之節之御評議ニも船を先にと可申様ニ御覚へも有之よし、就而は此度之建議ニて御同意故、直ニ御進呈被下承り附之分も御返達御座候よし、巨細之御書取御意味貫徹承知仕候、小子儀も時態ニ従ひ漸々御警備相立度との初一念ニて血気に為任十分之儀は申さぬ積りゆへ、此度之御下ヶニ就而も御台場よりハ船と可申出様ニと諷諫と察し、去迚御台場も御船出来の後は取建候積り故、其意を含みて建議仕候処御熟察可被下候、
一御鋳立筒百挺ニてハ御引足相成かね候よし御尤千万、既に鍋島は自造百挺ニ及ひ、小田原も一昨年弐拾挺程鋳立、高田も数挺其外諸大名鋳立頻に御座候処、征夷使之御職任ニて、諸役

人多輩相掛り百挺計り之御鋳立ハ何程之事ニ可有之哉、千挺も万挺も御鋳立有度ものニ御座候、しかし是ハ御同僚限りと筆すさひ、扨当地ニて鋳立之事ハ場所如何様ニも出来心易き事に御座候、乍去先頃返納と伺候大筒ハ御据附のまゝ千代崎[17]掃部頭へ引渡し候故、鋳直し可申大筒今ハ一挺も無之候、江戸にて御鋳立と相成候得は猾吏相加り余慶之御入費多く、跡にハ御褒美等相願御手数計り御座候、大筒之鋳立一番易く出来ハ鉄炮師へあつらへ候方手軽にて如何様ニも出来申候、是ハ鋳物師松三郎へ申付候得ハ、下曾称へ属し候故、金三へ御用不被仰付共申分なく出来仕候、是ハ一番手軽に御座候、しかし出来揚浦賀へ廻し候は余ほと入費掛り申候、また浦賀にて拵候へハ其まゝ其所へ御据付ゆへ運賃無之、極手軽ニは候得共、江戸より鋳物師大勢参り旅宿代丈ヶまた相増し申候、職方へ申付廻しかた運賃までと当地へ出張候との費用軽重ハ為積不申候へハ、分りかね候得共、大概同し様ニ可相成、ボンブカノンニても何にても直ニ出来仕候、江戸の諸役人掛り候程御むたハ無之候、

一千代崎掃部頭方ニて模様替願出候よし、十五挺を二十挺ニ相成り、壱万両余と申御入用とやらニ御座候、是も浦賀奉行へ被仰付候へは五千両ニて出来候へ共、夫てハ司農下吏ノ甘味無之故、逐に千代崎引渡しと相成り申候当かた持ニて仕用絵図悉く積り、差上候節ハ三拾挺据五ヶ所之台場ニて、火薬蔵三所、勤番所五ヶ所、下曾禰詰所迄ニて都合五千ニ御座候、一旦御下知ニも相成候事故、奉行伺之通り御普請被仰付候而御引渡しニ相成候方余ほとの御徳分

ニ御座候、已往の事なから申事ハ潰れ候故、申出かね候、御鋳直も為御任ニ相成候へは幾らも御手軽ニ出来、当地にてハ畠の中にて鋳込も出来申候、

一御台場御据筒之御下知無之、御警備之要器ハ何卒要所御据被成度との御見込、尤御同符にて大慶仕候、然ル所何等之御筒御下ヶニ相成、何は御下ニ相成かね候と申、いまた御下知も無之、井上・田付(18)の十貫五貫も師範家惜候様子、暴母迦農も越州殿御惜にて大森へ廻候よし抔人伝ニ聞込候故、これ彼と下よりハ申かね候、既に御鋳立筒御下ヶ願書面御一覧可被下候、明神崎御台場上ハ六挺据、中段ニ隠台場と申もの有之、これに弐挺、また下に詰所有之、此土手後口に一挺都合表向ハ六挺にて隠し台場共九挺ニ御座候、此台場の作法ハ西洋一派の取建方ニて、是迄ニハ有ましく実に少サく共、公義の御台場と相見へ可申と存候、此上六挺ハ

四貫五百目　南蛮鉄御筒　なりもの

○廿四ホントカノン
○十八ホントカノン
○ホンベンカノン
（以上三挺）新キ下曾称御鋳立もの
○井上流十貫目
○田付流五貫目

中段隠台場へ弐挺

○カルロン　下曾称鋳立之もの

∆カルロン　長崎廻り浦賀奉行御預りニて当時千代崎へ廻り候もの

（上欄注）○印ハ御下ヶ願候筒　∆印ハ彦根へまつ引渡候もの

下段土手うしろへ　壱挺

○五十封度　モルチール　下曾称鋳立もの

此分ハ仕控帳ニ無之候、追而模様替えの事御届申上候積り

右之通り

見魚崎仕寄場へ

南蛮鉄筒　四挺

亀甲岸(19)へ

∆ホーウキツスル筒二挺

是ハ彦根へ仮渡ニ相成候分

此外彦根へ渡候

∆十六封度　モルチール

是ハ台場筒ニは無之稽古筒ニ御座候、御台場へ据而ハ識者の笑ニ御座候、

○百封度　モルチール　是ハ見魚崎へ掛置いたし候、

（上欄注）此モルチール筒と申もの、台場へ見へる様ニ掛候品ニハ本来無之候、土手うしろニて気のつかぬ所ニ可置ものニ御座候、

右故、御鋳立中御下ヶ相願候ハ、下曾称之ホンベカノン・廿四封度カノン・十八封度カノンカルロン・五十封度モルチール・百封度モルチール・井上流十貫目・田付流五貫目都合九挺、外に長崎廻り十六封度ホーウキッスル筒・三十封度カルロン筒二挺ハ浦賀奉行へ御渡し筒故、他家へ被取候而ハ甚恥辱ニ有之、また六貫五百目ホーウキッスル筒・十六封度モルチール筒ハ井上・田付御預筒を当分浦賀奉行へ御預替と相成候品をまた借ニいたし、都合四挺共彦根へ相渡候義ハ何分御請仕かね候、夫故品々申上候処、追而御沙汰之次第も可有之、まつ其まゝ引渡候様御下知ゆへ、無余儀相渡候得共、彦根ニ西洋流を打候もの無之、無益と申余りとや、浦賀奉行丸御潰し故、御役に替候而も此四挺は取戻し申度候、此度見魚崎之方跡調と相成候へは、南蛮鉄ハ明キ故、是ニて可相済との評発り可申候、南蛮鉄ハ一貫目位の品ニて、江戸の人ハ一貫目とも申セハ大造の筒と可存候へ共、台場之趣意を存セぬ故ニて、歎息の極ニ御座候、船に載セ候筒ハ自ら軽く遠丁ハ届キ申さす、台場之筒ハ長ものニて遠町之力を打候故、用ニ立申候、夫是迄ハ砲術も開け不申ゆへ船筒やら台場筒やら行軍筒やら分り不申、貫目以上と申候へは、夫ニて用はなし候ものとおもひ候へ共、迚もの事ニ此度は少サく共其形体を備度候故、上の六挺ハ申立通りニいたし度、其うち井上・田付之筒相廻り不申候共、夫ハ更ニ遺憾無之候ゆへ、其

替り廿四封度カノン・ホンヘカノン二挺を浦賀ニて新キ御鋳立御座候様ニいたし度候、何れにも見魚崎ハ自力ニても取建候含ゆへ南蛮鉄ハ残し置申度、明神崎に不用之もの見魚崎に用ひ候ハ如何と可思召候へ共、見魚ハ横矢の場所に有之候故、相当ニして右等之所御含、彦根渡し御筒ハ戻り、下曾称鋳筒七挺ハ是非相廻候様御周旋可被下候、六貫五百目ホーウヰッスルも実ハ台場筒ニは無之、行軍筒ニ御座候、カルロンハ本来船筒ニて隠台場へ計りハ用ひ候本格ニ御座候、是等之差別も有之候而申立候事故、畳之上之評論ニてハ扨々片腹痛御座候、大言を申候様ニ御座候へ共、井上・田付も洋砲ハむちゃくちゃと存し申候、

一明神崎も廿日頃迄ニは大概出来、当月中出来栄申上ニも可相成、就而は種々伺も有之、重便ニ万々可申上候、

一南蛮鉄車台も六日夕無滞着いたし、職人も参浦ニて、此せつ仕組取掛り申候、右は仕組出来のうへ一同ニ取揃御届申上候方と存候故、当便ハ船着の御届ハ見合セ申候、南蛮鉄も一挺彦根へ廻り居候故、彼方へも掛合仕組取掛らセ申候、

一同心寺田彦四郎と申もの、内願書差出候間、差上申候、思召も無之候ハヽ、宜御進呈可被下候、迚も出来ぬ事なから、支配向の内願ゆへ、進呈いたし置候へは、夫にて職役ハ相済申候、宜様ニ御書取可被下候、

一伸助・堅蔵《(マヽ)》も都合能御見分早く相成候よし重畳、彼是御手数ニ奉存候、宜御差図相願申候、

右申上度、御用状にハ原案もなく行なりに書候ゆへ、誤落不通之乱文多く此段ハ御推恕可被下候、頓首

五月十二日　　　　　　　　　　戸田伊豆守　印

井戸鉄太郎様

再伸、追々薄暑も相募候、御自愛専一と奉存候、先日は留守宅江態々御人御念入たる儀海岳奉謝候、

一別紙封書十五日御進呈可被下候、両司農へも乍憚御届被下候、是ハ当職御役高の建議にて草案入御覧申候、御十分ニは無之候へ共、ヶ様いたし度と相祈申候、草案ハ当かたへ綴込置可申と奉存候、

一御用日初日別段御仕向ヶハ無之候、

一同心へ御焚出し之事随分可然候、最初拙も左様ニいたし候へ共、菜に困り申候、飯計り焚出し、菜ハ代にて被遣候方歟、いつれにも打明同心へ為御聞之方可然哉、軽きもの善悪の評ハわつかの食物に起り候ゆへ、よくよく御考専一ニ御座候、兎角善悪の評ハ最初ニ御座候、

一御金蔵受取もの御勘定所の裏書延引ニて困り申候、御舟屋等の御入用いまた渡り不申、筑州の受取書ニて相済候哉難計、右等之御催促ハ組頭後藤一兵衛(20)へ御談し之方直に相分り申候、組頭ニ岡田利喜二郎(21)と申人、此者才気有之被用候所とうゆうわけやら浦賀を目の敵ニいたし、

此儀内幕存居申候、とうかこれを御手ニ附られべく候、拙は寄附兼申候、
一当かた召連人数支度等追々可申上候、小子義駿府へ被仰付候セつハ、印旛沼ニて十月ハ取越し、其うへ組内吟味もの上下十六人御役成より翌春まで引受け候次第、実に進退谷り候ゆへ、簞笥も用意不致、家内も残し引越候仕合、浦賀ニ相成候而も、具足箱上覆ハ麻にて皮を不用、家来も踏込一ッツヽ、位ニ御座候へ共、追々折合候ゆへ、三在勤目より具足箱新調申付、革覆といたし、当年ハ御手当も出席も直り候ゆへ、一両人多く召連候、初年ハ一柳[22]の跡同役大久保因州[23]ニて、中番も五人揃へて伝達抔と申大造之事ニて、実に困り申候ゆへ、是も御見合セニハ相成かね候、当在勤ハ用人両人・役目付両人・勝手方給人一人・書役一人・近習三人・中小性三人、徒足軽ニて五人・ほうじ一人・草り取鎗持是ハ台所小遣兼二人・別当一人、外に筑州権輿にて御役知之もの召抱られ四人有之候よし、交代頭三人有之、病気にて当時一人有之、是計りニて御座候、非常之セつハ欠付人足三十人有之候ゆへ、差支不申候、外出ハ手廻り日雇其外御用出ハ賦人を用ひ申候、御用人両人・御役目付両人ニて書役御勝手兼帯いたし、御近習御中小性五人も有之候ハヽ、御間ニ合可申候、大久保因州・浅[10]中書共、士以上十一人位ニ御座候、拙ハ当年がらゆへ十二人召連、猶異船渡来の様子ニ寄加勢之手配等実ハ御内々なから家元へ頼置申候[24]、

（上欄注）秋ニ相成り一両人減し可申哉存居候、一年之在勤ハ退屈も出候ゆへ九月交代のものも有之候、

一極内申上候、初在勤家来手当、是ハ誰も申ハ不致、虚か多く御座候、拙方ハ支度金用人七両、役目付五両、近習中小性三両、徒中番一両、小遣三分位ニ御座候、二在勤ハ用五・目四・近中ハ矢張三ニいたし外出を留置申候、当年ハ小子御手当増候故又遣しものも相まし申候、勿論用・目・近中とも出立之時、紋付羽織遣ハし申候、夏之分ハ遣し不申候、兎角家来帰府ニ御座候て、道中師抔と組合、物事大きく相成候ゆへ、乍憚急ニ御決し無之、御内々可被仰下候、御為メの主法も可有之候、

一当職ニ才子入用無之、手の出来候もの一二人も御座候へはよろしく、以前ハ金銀取扱ヒ心配いたし候へ共、もはや改革いたし候ゆへ、いかなる才子にても押領ハ出来不申候、

一御用人四人と申うち、三人ニても名前ハ四人之事、当暮迄ハ両人ニても御間ニ合可申候、御役目付四人之うち一人御勘定所へ出候もの御取極被置候方よろしく、是ハ少し算筆出来候ものニ無之而ハ参り不申、一番御入用此もの計ニ御座候、外ハ御近習より兼候而も可然候、

一御陣羽織近来の振合ニてハ異船の度ニ被召候様ニも無之ゆへ、まつ一ッ御仕立可然歟、猩々緋ハ御無用、安くて錦のかた異人賞し申候、具足も中間具足まて拙用意いたし候へ共、夫ハ御腹中ニ可有之、抑々末之事ニ御座候、御伝達何分申上兼候、

一異船渡来候ハヽ、まつ御用人両人・御役目付一人・御近習御中小性四人位ハ被召連可然候、可成丈ヶ御略し候て可然、供連等御伺被成候と面倒ニ相成候、武器ハ船廻し急速御出立ニ相成

候場合ニハ御対鎗ニも及申間敷、御台弓一肩・御持鎗・御添鎗御箱弐ッニて可然候、小筒弐挺ハ御供建ニ入申候、其外ハ御用意次第ニ候、拝眉ニ候へは簡易之伝達出来候へ共、筆上ニハ尽かね当惑仕候、

一当職簱干を為持候へ共、以前簑箱ハ為持不申、番頭より参候人ニ伺之上為持候所、大久保供連に従ひ一柳も五千故為持、小子も其心附なく先帳ニ従ひ持セ候所、初在勤留守中崎尹次席と相成候故、遂に箕箱為持皆箱も為持候事ゆへ先箱と迄成行申候、御箱ハ三ッニてよろしく、必ず五ッハ御むたニ御座候、大小筒御座候故、徒ハ四人か五人ニ無之而ハ困り申候、小子之供連ハ無余義相増候事故、左様御承知可被下候、今般中々御書通ニてハ意衷尽しかね候、御心中ハ深く推察仕候へ共必々御勝手難渋之事被仰出間敷候、多分御主法相附可申候間、其段御安慮可被下候、早略不宣、又言、本文御据筒之事ニつき入さる大言を申、今更ら後悔仕候、得と御斟酌可被下候、兎ニ角衆人ニ和調いたし不申候而ハ畢竟御為ニ相成不申候故、文中には御聞流し事多可有之候、御取舎奉希候、

注

(17) 千代ヶ崎　地図参照。
(18) 井上・田付　和式砲術の流派。井上流・田付流。
(19) 亀甲岸　地図参照。

(20) 後藤一兵衛
天保十二丑十一月廿六日　勘定吟味方改役ヨリ勘定組頭
慶応三卯六月五日　辞
(21) 岡田利喜二郎　岡田利喜次郎。
弘化元辰十二月十五日　勘定ヨリ勘定組頭
嘉永七寅七月廿四日　勘定吟味役
安政二卯五月廿二日　下田奉行
(22) 一柳　一柳一太郎直方。
弘化二巳三月廿八日　寄合肝煎ヨリ浦賀奉行
同四未二月九日　日光奉行
(23) 大久保因州　大久保因幡守忠豊。
天保十五辰九月十五日　小姓組番ヨリ浦賀奉行
弘化四未五月十二日　書院番頭
(24) 異船渡来の様子ニ寄加勢之手配等実ハ御内々なから家元へ頼置申候　六月五日ペリー来航時、戸田伊豆守の本家大垣藩より加勢を得たが、予めこの時点で援助を依頼していたのである。

（五月廿二日）
定便内御用状拝呈、先以梅天朦鬱之折柄倍御万証被為渉拝喜抃賀之至、当鎮無異如旧御降心可被下候、

一明神・見魚両崎聯略之形勢御想像被下、御備舟ハ勿論砲台も両全具備いたし度段、内史江も御内談被下候段難有、実は畢竟左様ニいたし度、就而先便御答ニ申上落し候ハ、御船有之候共、夫に附属之砲器無之、此義ハ如何との御難問御尤至極、こゝに拙意を申述候ハ、何事も算盤机上の海防策被行候故、とかく被潰候間、是まで七ヶ年中(25)、最初より結局之意ハ打出し不申、漸々ニ仕度心、浅中書も血気強、筑州も微細に論を尽され候故、事毎ニ大かゝりニ相成、遂に出来ぬ相談と打潰され候、夫ゆへ此度も御船を申、砲具に不及、去迚舟有て其具備ハらねハ不相成候故、追々ニ充実いたし度、見魚の砲台ハ御入費少分ゆへ跡ニても出来易く、上より御さそひハ望む所ニおち入候ゆへ、まつそつくりと御船の御下知を手軽く受け、夫から段々可申立と存候、公にも此味合とく度御勘弁相祈り申候、如何之計策らしく御座候へ共、左も無之而ハ調ひ不申、はしめ千代崎三拾挺据も御下知ニ相成、仕様注文も差出し被仰出候計ニ相成候所、中書早まりて増人の見込一己にて被取調、御勘定所へ被差出候所、大造過候ゆへ、遂に夫とハなしに右御台場彦根へ引渡す様ニなり行、骨折て鷹の世話ニ相成り、実ハいつ方の評議かハ不存、彦根へ御任セにて御為宜所ハ更ニ不相見へ、物入丈ヶを御固へ為負候而、奉行所肩を抜候意味、政府の御世話ハ減し候へ共、御備之為ニは更ニ不相成、これらハ扨々歎息無限事ニ御座候、夫ゆへ此度も軽キ御台場湊口へ御取建と申立、折ふし町人より二千金の上納為致、夫にて出来の訳ゆへ、正面ハ正法を申、内実ハ御損失ニ不相成、漸々御備充実こそ肝要と勘弁仕候、上に明英の御決断なく因循苟且之時勢、遮而正論を吐候共、遂に擯斥せられ、却而御為ニ不相成、これらハ何分旧来の御知己ならされハ吐露仕難く、御意衷ニ御秘置可被下候、福相御度量広く、さり迚御決断ハ無之、御直ニは何程も御厳《カ》論御建白よろしく、其他へハまつ人を見て法を解にあらされハ衆口囂々害有へくやと被存候、如何思召候や、猶御明論相伺度候、

一右之訳から故、上之御誘引こそ幸ひ、兎も角も御船出来丈ヶを早く御沙汰御座候様、福相へ厳敷御催促相願申候、肥後守[26]方ニてハ晨風丸形昨年一艘当方へ頼ミ申候、出来至極よろしく候故、猶又此節一艘出来いたし、小田原ニても願立候而拵候積りニ相成候、肝心の本元浦賀ニてハ御焼失と相成、大屋弥市[27]献納之晨風丸一艘のみにて、御入用ニて出来の御船無之、写しハ肥後守ニ弐艘と相成り残念千万、御固めへ之御外聞ニも有之、早々今弐艘其外早船をも御出来ニ相成候様いたし度候、堅牢軽弁の四字ハ肝要故、其処ニて先日も被仰下御尤至極、軽弁なれは不堅牢、堅固なれは軽捷ならす、当節ハ夷船鉄を以て張、舟中へ空気を蓄へ堅牢軽弁具足の舟有之、又ハ蒸気船等其法纔に訳書に在之候得共、実物を見さる事故、成造いたしかね、たゝまくらの組かたとまきれと舟上平坦ゆへ堅牢軽弁とも可申候、蘭人江被仰付雛形御取寄ニ相成候共、又は大砲弐十挺据之戦艦一式相揃へ弐万両ニては差出し可申よし故、永世之御用器、天下の至大を以て弐万の御費用ハ些少之事、既に先に軍艦蒸気船共雛形持渡

候所、時の崎尹、玩物なりとてさし戻し候よし、人情の眼目みな如斯、根付時計や珊この玉ハ何の用に可相成、歎息之至ニ御座候、右ゆへ船と申も迚も要具ハ急ニ出来申さす、夫ゆへに晨風丸の如キ似て非なるものを以て権輿といたし候ハヽ、追々識者其不足を補ひ後年全備の御品出来可仕と相謀候儀ニ御座候、既に西洋の御筒御道具と相成候ハヽ、はしめて六ヶ年以前申立ハントモルチール筒三挺、浦賀奉行申立浦賀ニ於て御鋳立取計候事権輿にて、当節ハ下曾根へ新鋳御鋳立被仰付候様相成り申候、いまた開けさるも甚しく、乍去鉄砲ハ大方発明と相成候へ共、いまた舟は漸く晨風一艘ゆへ、早く諸家へ渡らさる前、御備船相まし申度、是ハ相祈り候事ニ御座候、しかし此機会にて見魚崎も出来、御船迄も御下知と相成候へは、誠に難有く存候、宜様御勘考ニて御周旋相願候、

一前文申上候通りハントモルチール筒ハ三挺出来、其後百五拾目タライハス筒六挺ハ御有合百目筒を以て鋳直いたし、両様共に当地にて鋳立、更に御手充向ハ無之、畠の中に拵あけ候ゆへ、此うへ何御筒なりとも奉行へ被仰付候へは、御手当もなく直に出来仕候、其段御含御先勤御掛りへ御内談可被下候、

一明神崎御据筒暴母并十貫・五貫之外下曾称鋳立之分ハ浦賀廻ニ相成候よし、車台追々出来下曾称帰府早々試発相済相廻候よし、御下知ハ無之共御内規矩相据り居候得は安心、こゝに一論御座候ハヽ、此度川越渡り之筒大森打ためし之時、川越家来内見を左太夫江相頼み、其礼五

十金と申事、弥着之上又々挨拶も可有之とやら、試発に就て夫々御手当も可有之、誠に無益の雑費ニ御座候、右浦賀御廻し之分、下曾称も出張中故、当地にて試発被仰付候ハヽ、御褒美も何も入申間敷と奉存候、左様ニハならぬものにや、是も奸吏附属ゆへ、如斯簡便の論は通り申間敷候と察候、如何

一去十七八両日大雨ニて新台場も損候所出来夫に霖雨打つゝき手戻り多く、当月中如何可有之哉と被存候、御含ニ申上置候、新築場ハ土性不落付うちハ破損し易く、これにハ当惑いたし候、

一南蛮車台も最中取掛りいまた成功ニ不及候、

一伸助も御好有之難有、健蔵も推而当日相勤候よし、

一司農組頭藤助・為弥(28)へは染々御談も御座候よし、両人共局中之人物、為弥は昌平出産の人ニて、拙も懇意ニ仕候、しかし上御勘定所詰ならてハ受取もの催促ニは用立かね、夫にハ後藤

一兵衛一番よろしく御座候、

一小笠原甫三郎事、御徒目付内願ニて、度々御先役中御責メ申上候処、此せつ冨士見御宝蔵番明出来ニつき、名前可差出と奉存候、進呈書表状にてさし上候、いさゐ右ニ而御承知被成下宜御周旋可被下候、同人事ハ用立候ものニて可惜候へ共、老母之掛念にて頻リニ相願候故、無余儀手放し申候、一体ヶ様之申立ハ、月番御老中へ直に進呈仕、功能歎願夫々演舌いたし、

同様之書面相認メ、御調へ之若年寄衆へ御直ニ進呈、書面ハ御老中誰殿江さし上置候、御心覚の為と申さし上候而、いさゐ歎願仕候、軽キもの故、左様いたし不申候而ハ届かね候ゆへ、乍御面倒進達書御一覧、尊慮も不被為在候ハヽ、同様御認取ニて参政へも御進呈被成下候様相願度候、終身御宝蔵の番人ニてハ終り申間敷と存候、

一其御地御進達もの、或ハ達しもの類、下案御廻し被下候ハヽ、半紙つまみ綴にて可被遣候、当かた留帳江直にとち込申候、当かたより御役所控と申差上候分も御引継ものへ御とち込可被下候、

一御覚書被遣候ハヽ、上ハ包へ進達之見出し御認メ、幾日誰を以て御下、本紙承り附之上幾日返上と御認可被遣候、進達見出し無之候と、伺之通又ハ書面之趣不被及御沙汰候事抔と有之分相分りかね候故、申上置候、

一与力加藤定右衛門隠居願出候間、御進達書面并由緒書さし上申候、御同朋頭ニ御進呈可被下候、是ハ筑州時代より之事ニて治定いたし候事故、不及御相談本書相廻し申候、

一浦賀奉行持場御預所三千石余有之候所、昨年御改革ニて漸八百石計りニ相成、千代崎も引渡し、万事手も縮り候ゆへ、御人も減ニ相成候思召ニや、又哉御人不減尊慮ニ候や、御意中相伺度候、台築も出来、御船も出来と相成候へは、御人不足之位、しかし千代崎ハ十五挺据にて手足り不申、況や三拾挺据と相成候故、又々増人之積り相成候所、此分彦根引渡しと相成

候故、御人も減し可申と夫々取調進呈いたし候ハ去年五月の事ニ御座候、然ル所又々明神崎出来故、人員減の調ハ御下ヶを相願ひ勘弁中ニ有之、不日同所御台場出来ニ而ハ、諸人数等夫々取調可申処、可相成ハ此まゝ減申度無之、左候へは随分相応之御手当ニ御座候、しかし充備とハいまた申かたく、旧ニ比し候得は纔ニ又寸を長く迄ニ御座候、去なから司農をはしめ諸有司御先勤抔之御見込ニてハ、是にて浦賀ハ手も詰り御人も減候との御見込ニて御座候ひキや、相伺度候、且御序も御座候ハヽ、福相へ直ニ御伺被下、近日明神崎も御出来ニ可相成、嘉永以来之御増人其まゝ被差置候思召ニや、又ハ御減し思召ニや、御様子御伺被下候様いたし度候、実ハ減し申度無之意味も御咄し相願申候、書面ニて伺候ハ容易なから永引候故、夫ニて腹の基を立建白ニ及可申と奉存候、拙の存寄ニて少し減し不申ハ手際も有間敷、既に昨年より与力両人売出し置候故、これらを減し切、組頭一人も減し切り、同心六十人・同仮抱廿四人之うち両人、足軽十二人之うち両人も減し可申、其外御入用筋御減相立候廉も有之候ゆへ、可也御茶をにこし可申哉と存居候、夫共一向不減相済候様子ニも御座候ハヽ、骨折不申大慶仕候、水筑ハ猶御人相増候心得と相見へ申候、夫ニてハ整ひ申間敷と存候、まつ御含之処相伺度候、帰便尊慮と監局之見込、司農之様子等被仰下候様相願申候、先は例之乱揮草卒中文理紛乱、宜御推覧可被下候、頓首

五月廿二日　　　　戸田伊豆守　印

井戸鉄太郎様

再伸、時下御自保専一と相祈申候、拙頑健御放念被下候、

一封書御進呈計局両名も石土(29)へ御達し被下候よし、其以前土州(29)へハ申遣置候処此度返書参り、尤候事ゆへいつれ工夫何とか可相成と申こし候、二千石之所ハ多分調ひ可申と存居候、谷の字四言三句ニて明了実ニ奉崇候、甲と駿(30)とハ赤地至難の場所ニ御座候得共、当職御身分に競候而ハ物かハに御座候、駿の至難は五ヶ年経歴熟知仕候、

一先便失敬之事共白地に申上候処御謝辞にて恐縮仕候、従是ハ諸事御相談之上以前の如く兄事して宜事故、たゝ今彼是申上候事逐日汗顔之至り可申と奉存候、たゝヶ様の時せつ家来におたてられ無益の費用恐れ候故、老婆心を申上候、さし向キ申上候程の義も無之、当便閣筆候、草案御返却たしかに落手仕候、

一忘れぬうち申上候、当職伝達等に挨拶向ハ家来までも一切無之候故左様御承知可被下候、

一入込之せつ御土産もの

一奉行へ拝領のわた百目

一組頭へ絽の肩衣地

一地方与力(31)両人江横麻御紋附上下一具巻物にし

一吟味掛り与力江諸麻上下一具ツヽ、

一封印役同心五人江同断ツヽ

其外目録惣〆拾両計りニ相成候、

此外は一切無之二在三在と相成候へは少々心入も出来申候、最初ハ仕来之通りニいたし度

気張候人出来候と追々鰻昇ニ相成申候、

一用達町人両人へ諸麻上下遣し申候、初在勤中ニても二在勤めニても宜敷御座候、拙ハ二在勤

目ニ遣し申候、

一此度印鑑被遣候所悉皆浅中書之文字御用ニ御座候、是ハ家来御伝達之誤りニやと被存申候、

水野も御用候へ共、其うち木札之印ハ別文字ニ有之候、もはや御出来ゆへよろしく御座候へ

共、実ハ文字替り不申候へはおつなものニ御座候、乍序申上置候、以上

注

(25) 是まて七ヶ年中　弘化三年八月、浦賀奉行大久保因幡守・一柳一太郎「浦賀表防禦について上申」から嘉永六年まで七ヶ年。『弘化雑記』。

(26) 肥後守　会津藩主松平肥後守容敬。

(27) 大屋弥市　嘉永四亥、相州高座郡栗原村の弥市（西浦賀で米穀商）が、嘉永三戌七月一日焼失した蒼隼丸［註（11）参照］代船、及び土蔵・御用米千俵上納を申し出て許可となる。上納により建造されたスループ船が、晨風丸である。弥市はこの功績により、一代名字御免（大屋弥市）と非常の節の帯刀を許される。『通航一覧続輯付録巻十一』。

(28) 司農組頭藤助・為弥
塚越藤助元邦
天保十亥七月九日　　勘定ョリ勘定組頭
嘉永四亥八月八日　　勘定吟味役・海防掛り
安政六未四月廿二日　　勘定奉行格
中村為弥時萬
嘉永四亥八月十八日　　勘定吟味方改役ョリ勘定組頭
同六丑九月　　長崎表へ為御用被遣
露使プチャーチン応接掛川路聖謨の随員中の筆頭として尽力。川路聖謨『長崎日記・下田日記』東洋文庫
安政四巳四月廿七日　　下田奉行
(29) 石土（土州・石河）石河土佐守正平［山城守］。
天保十四卯閏九月廿日　　作事奉行ョリ勘定奉行
嘉永三戌二月廿七日　　近海見聞為御用罷越ス
同五子五月廿七日　　西丸普請掛り
安政二卯八月九日　　田安殿家老
(30) 甲と駿
甲府勤番支配　　役高三千石　役料一千石
駿府城代　　役高二千石
(31) 地方与力・吟味掛り与力・封印役同心　浦賀奉行組与力・同心の職掌には、地方掛り・封印掛り・吟味掛り・定廻り等があるが、分掌についての成文はない。高橋恭一『浦賀奉行史』42頁

間便内御用状拝呈倍御清穆被為渉抃賀之至、当鎮無異如旧御安意可被下候、

（五月廿八日）

一廿三日附宿継御用状到来、御内状拝展、先以御備船御製造之御下知有之、見魚崎之方も興復之機御覚書中に相籠り、右は全御周旋故と海岳奉万謝候、十五間場之方ハ無滞相済、就而御舟と角場とハ一纒ニは相成かね、まつ御下知済より取掛申度、依之角場御普請掛り人数伺書当便さし上申候、御落手宜御晋呈可被下候、仕様注文等ハ申上有之掛り人数計り之事故、先例見計人数申上候、早々取掛申度仕越し御普請に取掛候故、右は御含被下、内史江御談し被成下、早々人数之御下知出候様御督責可被下候、御舟之方ハ、晨風丸形弐艘・同断小形弐艘之つもり、両三日中取調出来次第早々伺書相廻し可申候、扨右御舟御出来ニてハ砲具ハ勿論、操舟之人員相増候義ハ勿論、夫ニ就、計局等之異論も無之様被成度との御事、御尤至極御同意ニて、既に是迄度々御下知ニ相成候もの、中途にて潰れ候事まゝ有之、右等も得と勘弁仕候意味等ハ、此度定便ニも申上候故、御承知被下候事と奉存候、右故此度仕様申上候御船と御船屋迄之調ニ而すらりと御製造丈ヶ為相済度、既に御船御出来ニ相成候而は、夫に附属之砲器と水主・楫取無之而は無用の長物ゆへ、是非なく相調候義ハ必然故、当節何そ外人より尊慮伺候とも、水主・砲器等之事ハ一向知らさる御真似ニ相願度ものニ御座候、人知らす知

らす其佳境ニ引入申度候、

一彦根江相渡り候御筒五挺は、伺之通り相戻候よし、雀躍此事ニ御座候、かの藩士西洋之術ニハくらく、家士武衛流(32)を主張いたし候故、中島・武衛・井上之筒ニ候ハヽ、無論ニ相済み可申、たゝ歎息之事ハ、先度諸流之筒御鋳立ニ相成候へ共、あれハ誠に御むたにて諸流の先生遂に大砲を鋳たる事なく、師伝の書物に就て漸く責を塞き候訳、片腹痛事に御座候、兎も角も御武器掛り江御内談被下、早々彦根へ替り之筒御下ヶニ相成候様御催促可被下候、

一御役知彦根へ引渡し并に替地受取とも去廿七日無滞相済候故、御届書類表状にて差上申候、

一南蛮鉄御鉄砲台仕組無滞相済、去廿五日職人帰府ニ相成候、右は出来栄も一覧、かつ六挺之内一挺ハ千代崎ニ在之候故、掃部頭家来江掛合仕組取計仮引渡仕置候、既に皆出来之上は、其段御届も申上度と奉存候処、いまた御地より廻船積廻し之雇賃銀不相知候故、見合置申候、定便帰浦ニは定めて被仰下候事と奉存候、右相分り次第江戸にて出来船積相廻し、無滞仕組出来まて一纏に申上、御入用受取方等可申上候と奉存候、船積賃銀跡にて申上候而はさし跨き候故、可相成は万事一纏に申上度と見合置候、もし当便賃銀御訳り被成兼候ハヽ、早々廻船方へ御談し御取調可被仰下候、右御入用惣高も久しき事ニて相忘れ、残金之高も覚へ不申、当かた御役所ニは控も無之、江戸取扱故、御届向等ハ取調差上候へ共、残金受取方之下案等ハ其御役所ニて御取計可被下候、乍去いまた様子から御呑込も被成兼候ハヽ、御役所控に、

南蛮鉄御台御造立一件帳御座候間、被遣可被下候、其御方ニて受取方書物御出来ニ相成候へは、手もかゝらす難有奉存候、いつれとも思召次第ニ取計可申候、職人も残金受取度と相察候故早々御手運被相願申候、

一御金蔵間違一件、彼是掛御苦身恐縮仕候、何分宜相願申候、

一彦次郎事御周旋之次第奉謝候、

一干鰯一条[33]ハ、誠にむつかしき出入ニて心配仕候、一体町奉行所は自然江戸をひいき候人情ニ御座候へ共、干鰯の根元ハ浦賀ニて、江戸の問屋ハ後年の事ニ有之、もし此うへ三ヶ国十分一限り浦賀揚ヶと相成候而は、浦賀ハ退転いたし可申、江戸のものハいろいろ法をかへ、浦賀ハ十分一計りニこし付度との見込ニ相聞へ、播州[34]ハ以前当職を被勤候へ共、大身と申細事ニ掛念無之、即今之勢ひも組之建言を被用可申哉、筑州よく承知ゆへ、同氏へも御尋可被下候、まつ兎も角も現在之素形にて、問屋名目相立、向後にて可然所をこゝにて浦賀ハ別ものゆへ古復といふ事を申出させ、十分一運上と申場合ニ一格を開かセ、扨一場所運上古復相開け候をもて諸問屋も株立古復ニいたし度と夫々より浦賀のものをおたて候ゆへ、東浦賀も其虚ニ乗候ゆへ段々もつれ申候、今ハ筑州の理解ニて、其所ハ解し候哉難計、小子取計は一昨年中より之事ニて殆と当惑、遠山[35]在勤中掛合済ニて軽く相済候所、又々昨年より町奉行も替り、浦賀も筑州ニてすへて跡戻りいたし申候、此うへハ願人の運次第と申もの、実ハ東浦賀

負ニ相成候而ハいかにも可憐、廿何万両と申敷金潰れと相成、歎ハ敷事ニ御座候、これは有形之儘ニて問屋相立候而御沙汰ニも応し相済候へ共、夫ニてハ江戸問屋おもしろからす、品々手入も有之、永引候義とも被察申候、就而は御演舌被下候而可然義ハ可申上旨奉畏候、何を申も播州大払腹中ニ納有之候哉難計、御口頭を御費被成而も、其詮有間敷と歎息仕候、しかし可相成事御座候ハヽ、此うへ浦賀之もの十分一限りと相成而は皆々行立不申、既に御台場其外御入用等ニてハ二千金をも差出候位、皆々さしはまり一御奉公もいたし度と、町人なからも願候もの共、渡世に離れ候而ハ歎ヶ敷、かつ古来の処干鰯ハ浦賀根元にて古く運上差出来候得共、不景気ニ相成候而、十分一浦賀揚ヶと申事ニ相成候故、別段仕入之外ニ十分一ハ御運上も有之ニ付、御免ニ相成候訳ゆへ、今更十分一計りと相成候而は、運上ハ扨置、本来ニ触れ候故好悪愛憎無之いたし度、是迄之通りニ相成候事ニ候ハヽ、運上差出候而も相当、もし十分一計りニてハ運上所ニは無之手狭ニ相成り、難渋ハ勿論追々浦賀衰廃ニも可相成、豪家之者湊ニ在之候も非常之御用と相成候廉有之、得と勘弁有之候様御談可被下候、部下の町人申さハ潰れ候共損益ハ無之候得とも、浦賀ニて干鰯屋共相潰れ候而は、非常立かへ御用も相勤まり申間敷、浦賀ニてハ損益ニ拘ハり候場合播州ハ時態熟知之事故、宜勘弁有度よし、一応御談相願申候、

一稽古薬明箱之事失念、早々相廻候様申付置候、着次第可相成丈ヶ御手操相願申候、

此外は帰浦御内状ニ従ひ重便万々可申上候、早略如例乱筆御仁免可被下候、頓首

五月廿八日　　　　　　　　　　　　　　戸田伊豆守　印

井戸鉄太郎様

再白、両三日当地快晴打つゝき時令相整申候、御地ハ如何御自保専一と奉祈候、小子儀も無異相勤、乍憚御掛念被下間しく、追々御造営御出来不日ニ御役所も御引受之よし、留守の事ゆへいつまてニもよろしく、たゝ御役所御引受無之候而ハ何か御分り不成候ゆへ、御不都合と奉存候、御内外御配慮之事ハ深く奉察候、いまた好消息無之、日々御案事申居候、一海外之風説今年ハ不思儀ニ静穏、廻船の者ともひそかに相探らセ候へ共、実ニ見掛候もの無之様子に御座候、余り静過候も却而深意難計、さりなから外蛮諸国の事ゆへ左程一致も致すましく、清朝にも宋江明か如きもの蜂起いたし、頻に擾乱と申事、其地広東近きよし、扨ハ諸州互市場にて諸州之商船も夫々に懸聯いたし、他を顧るの暇無之にや、早く秋風紅葉之時を相まち居申候、

公にハ当セつ素人ニ被為成候故、御聞及も不被為在候よし、況や老拙ハ海辺閉居之隠士同様、猶更固陋御笑察可被下候、不尽

注

(32) 武衛流　和式砲術の一流派。

(33) 干鰯一条　寛永十九年当時の干鰯屋は、「干鰯問屋職」を仰せ付けられた。当時運上金はなかったが、元禄五年に運上金二百両を出すことになった。元禄十年になると、運上金千両を条件に問屋株を出願するものが現れるほど、干鰯問屋は魅力ある商売となったが、それ以後は衰退の一途をたどり、干鰯は資本力豊かな江戸問屋に流れ、享保十五年になると浦賀干鰯水揚げは、江戸廻送量の一パーセントにも足らない惨状となる。したがって、浦賀干鰯問屋は、浦賀揚げ干鰯の確保のため、浦賀奉行の援助を求め、延享四卯年「江戸問屋の仕入れ網で収穫した物の十分の一を浦賀へ水揚げして貰いたい」との嘆願が聞き入れられ浦触が出された。天保十二丑年の「天保改革」により、浦賀の干鰯問屋廻船問屋とも解放され、商売勝手となったが、水野忠邦の失脚により、嘉永四亥年諸問屋再興令が出された。この再興令を機会に、江戸問屋と浦賀問屋の間で、右の「十分の一」をめぐって、長い間町奉行所で争われた。この件は、結局、ペリー来航による騒乱を背景にして嘉永七寅年七月に落着した。浦賀干鰯問屋は種々の運上により、特に台場の建設などに貢献し、浦賀奉行にとって、その衰退は頭の痛い問題であった。鈴木亀二『浦賀中興雑記第三部』、横須賀史学会『石井三郎兵衛家文書』。

(34) 播州　池田播磨守頼方。

嘉永元申十一月八日　普請奉行ヨリ勘定奉行・公事方
同五子三月晦日　町奉行
安政四巳十二月廿八日　大目付
同五午十月九日　留守居次席大目付ヨリ町奉行再役

(35) 遠山　遠山左衛門景元。

弘化二巳三月十五日　大目付ヨリ町奉行再役
嘉永五子三月廿四日　辞

（六月二日）

定便内御用状拝啓、俄に暑威酷烈ニ相成候所、台履倍御清穆奉抃喜候、当地平穏依然如故御安慮可被下候、

一当便御船御新造之仕様注文、取急キ相調差進候間、此機会を不失、不日之下命偏御骨折可被下候、先便申上候通り、まつ此所ハ御船御船屋計りを申上、見魚崎之事ハ追々可申上と其萌芽を文中に籠め、御船之御下知出候へは、乍ち見魚の建言ニ及ひ、是ハ積りかたも出来、かつ御据筒も御下知ニ依而は可成御据付に不差支、其上平素勤番人も無之、仕寄場の事両岸対遇其一を不可廃之意味をも申述、扨其事御下知ニ相成候頃ニは、御船も漸出来ニ可相成候間、舟砲備具不致ハ鳥に翼を欠くの論ニて猶又御筒ニ相及ひ水主の論に押及ひ可申と奉存候、段々之御教諭にて大に気力を得、愉快に取調出来、右ゆへ此間中御舟御製造之調出来仕候、扨如命十五間の角打を以て砲技の長と存し、治世の砲礼ハ射術の武を真似、所謂今の神道家か仏者を真似て祈禱をするの類片腹痛く候所、大に砲技ハ相開け、先日之非を知るもの追々出来、是併天下有用之術相開恐悦之事と奉存候、乍去いまた擁閉多く、其砲術も徹底開け候とハ難申、今少しの事と奉存候、既に五七年以前とハ又々違ひ日々新ニ相移候故、後手ニ至候ハ、、下曾称抔一時之豪傑と存候ハ物笑ひと可相成哉と奉存候、是ハ必然之道理ニて早く

左様いたし度ものニ御座候、扨航海術之事ハ毎々腐儒の論も承り、また如命操舟の人員一切洋人を用ひ候ハねハ不相成抔と申事つや／＼心得かたく候、惣而銃陣の調練も西洋の流ニ従ひ候ニは、全く国家衣服文物悉皆相改不申候而ハ相成り不申、左様之訳ニも有間敷、知彼知己而相用ひ候事故、西洋の銃陣も我国の陣法に用ひ可被申、偏固之義ハ老拙取らさる所、航海の術も亦如斯にや、兎角本邦人は器用に真似る事ハ早く、右ゆへ少しく上に御開き被成候方有之候ハヽ、乍ち航海の諸術日々に相開け可申候、蘭人に学ハすとも、帆の掛かたさへ御製度相止み候ハヽ、自由自在の船出来可仕、何程宜船出来候共、鎗出し帆と申もの無之候而ハ自在ニハ不相成、此船の事ハ迚も上に英勇果断の宰相在て御製度一変不仕候而は、まつ此節中立候晨風丸形位之事ニ御座候、薩州ニて小舟の便利なるもの有之よし、其雛型早々頼遣し候得共、間ニ合かね、弥到来いたし候ハヽ、其節少々之模様替は出来形ニて可申上と存居り候、外藩諸国切歯して航海の術ニ苦ミ候徒不寡、少しく御導き方有之候ハヽ、乍ち其実外夷によらすして相開け可申候、

一大仏の銅云云、是ハ御同意ニて、来春鎌倉御巡見も御座候ハヽ、早速御心付と存候、老拙も既に其セつ心付、昔しハ大仏を木像ニかへて銭を造る、今ハ是を砲器になし度ものなれとも、水府の御隠居(36)釣鐘を以て砲にかへ、御驕慢の御咎メ有之、滅多に口外不被致と心に問心に答打過申候、鎌倉の二像実に無益の事、されとも仏法の蠱惑数千年、人心騒然は相違なく、も

し如鋳銭暫く銅に替に木を以てし、人をして其依る所を失ハさらしめ候ハヽ、可然歟、是等の建言をなさんよりハ、いつそ和蘭の交易減銅の御沙汰有度ものと奉存候、戸(37)中書親見の圃中之輣御尤至極、田舎ハ其辺之処容易の業にて全真之御入費計りニて如何なる大砲も鋳立出来、御地両家の鋳立の如く、無益の入費ハ更に無之候、年々唐船御渡候銅ニ而、百万斤ツヽ崎地ニ相廻り候分残銅沢山有之、蘭人頗る渇望申候よし、此銅を御廻し有之候ハヽ、如何御心附有之候哉伺度候、

一南蛮鉄車台六挺出来御届等当便進呈宜御取計可被下候、此御入費弐百八十弐両余ニて六挺出来いたし候得共、夫に就別段掛りも無之出来いたし申候、如斯永引候ハ御材木蔵より槻渡り御普請ニて延引、漸く昨暮相渡候故延遅に及ひ申候、是ニもおかしき悪言有之、御材木蔵掛り等へ三両程職人より謝物いたしすらすら相渡り申候、左も無之とまた〳〵延ひ候事ニ御座候、皆々如斯流弊歎息の極ニ御座候、此度掛り見廻り之御手当相願候得共、多分ハ不被及御沙汰と覚悟仕候、計局人相加り候得は乍ち相整ひ可申、是等ニても御察し可被下候、如何之事なから奉行江為御任被成候へは此車台の如く何かたの手も不掛出来いたし申候、此上共に御筒も奉行へ為御任被下候ハヽ、乍に拵へ可申、是迄何程骨折候共奉行へ之御褒美と申もの無之候、尤、願ひも不致候、川越一条御先見感服仕候、川藩にて不承知と申も少しハ訳可有之、物入之多きハ君公の損失、もし引受而間違候節ハ掛り之迷惑抔と申不忠の訳ニは無之哉、凡

口を利候ハ監察の事、奉行と成而ハ何も申兼候、歎息〳〵、
一明神崎も十三日ニは出来栄申上ニ可相成と存候、御据筒
上段六挺据　　　中段
四貫五百目南蛮鉄　隠台場へ
一貫目同　　　カルロン
一貫五百目同　カルロン
一貫三百目同　土手表へ
十八封度カノン　五十封度
廿四封度カノン　モルチール
如斯積りニ御座候、御番所亀甲岸へハ
百封度　石打　モルチール
見魚崎へハ
十三貫七百目　ホーウイツスル
六貫五百目　同断
一貫目　南蛮鉄
百五十目　同断

右之外十三貫七百目モルチール筒ハ台場ものニ無之ゆへ御備筒いたし置申候、是ニて可成宜、是迄とハ大相違ニ御座候、
一御新鋳出来迄は右ニて可然候、
一風破残金受取方書面不相見へとの事、是ハ余り馬鹿〳〵敷、拙存寄にて筑州在府一判之受取にて御勘定奉行裏印前ニ候ハヽ、御役違之事故むたニ相成、公之御受取ニて相渡候様可相成、もし裏印済候得は相済可申、是迄相延候事故、多分筑州書面ハ反古と相成候事と被存候ゆへ、弥不相見候ハヽ、別段ニ受取手形御認メ、御据印の上御勘定所へ被遣裏印御受にて御金蔵より御受取之方と奉存候、宜御周旋可被下候、御金渡り之相延候ニは迷惑仕候、
一小甫(3)之事より人員減の事まて詳悉の御示教大慶不斜、戸中書の様子も相伺、大に力を得申候、左候ハヽ、まつ〳〵たんまり至極之妙策ニ御座候、旧額之人員減候分、船砲台御造立之上は、補員相願候而ハ如何との事、是以素減員ハ好み不申、爰に毎々存続候ハヽ、与力ハ八十石、同心ハ十石三人扶チ、禄の多少ハ候得共、遣ふ所ハ一人前にて、与力の勇士よりハ同心の十人ハ助る所多く大に益有之、与力両人減しの高ニて夫丈ヶ之同心を遣ひ度もの、上に御損失無之、下ニは大に益有之候、既に同心八十九人、これを十一人相増し百人といたし度、足軽ハ土地のもの抱ニて四石弐斗弐人フチ、是も一人ニ遣ハれ申候処十二人有之、是を八人増し二十人といたし候得は、被下高ニ加損無之、与力廿キ・見習四キ・同心百人・足軽二十人と相

成り、多人数ゆへ人配りニ差遣不申と毎々存つゝけたく、御普しんニ六百両も掛り候ゆへ如何可有之哉、夫のミ差支申候、尊慮相伺度候、扨人員増減論巨細之御示教悉く感服、殊に御先勤中好機会之御見留も御座候よし、旁此上ハ又々腹を古復いたし、一工夫可仕と奉存候、猶追々御相たん可申上、何分無御腹蔵御示教可被下候、監察台評議結局之処ハ何卒御内々為御知被下候、出立前九鬼(38)の上書云云ハ粗相聞候て、黒田も上書いたし候よし、是ハ何分不相漏、薩州・伊達両家一致候て極天辺江上書いたす由ハ直に承り及申候、夫ら之響きニハ無之哉、旧来之御懇命ニ甘へ、書生如きたる愚論をも相交候て認メ候而ハ、跡にて悔申候、御宥恕可被下候、此度実安心之御同役ニて実ニ大慶仕候、幾衛にも御示教可被下候、右等条陣例之草布繚藁御判覧可被下候、頓首

季夏初二

戸田伊豆守　印

井戸鉄太郎様

毎度御鄭重之御情書奉謝候、当地廿九日ハ厳敷暑気凡九十度を越申候、貴境如何御自愛専一ニ御座候、

一封書晋呈、以来無声無臭、何そ相響き候事ハ無之哉、余り遅々たる事ニ御座候、是ハ御本末之事、対州(39)へ拙建白の次第御打明ヶ御同人より御歎願御座候ハヽ、速に成就可仕と奉存候、早々御内談可然候、御自身之御発言も人に寄候事ニて御本末ニてハ子細も有間敷、得と御了

簡可被遊候、
一御土産もの猶又御尋承知仕候、上下ハいつれも仕立不申、巻物のまゝニ御座候、出入町人用達ハ両人ニ有之、是ハ拙ハ二在勤ニ遣ハし申候、外に大工棟梁一人、是も後ニハ遣し申候、恵恩溥及後役迷惑の意味ハ久須美へ御内尋可被成候、
一印鑑の事御尤、今更ヶ間敷御改めメ如何ニや、たゝし焼印三ハ同くハ改度ものと奉存候へ共、是も中書と少し替り候故、まつまつ御見合可然候、小子も火急出立之場合ニて印鑑の伝達有之考究の段無之出法題ニ文字相納、跡にてハ甚悔申候へ共、是を改め候も損失ゆへ其まゝにいたし置申候、畢竟ハ留守家来不行届故と実ハ恐悚仕候、
一上納端銀不足一条いかにも御面倒と恐縮仕候、引かえハ六借もの別紙納可然哉、何分宜御周旋奉希候、
一玉薬明箱到着仕候ハヽ、御受取方宜相願申候、都築(40)出立相済候哉、先頃ハ崎尹(41)江たたり此節ハ佐尹(42)不目出度、遠路在住ハ別なるもの、在郷の念不絶、詩料や歌の趣向ニは相成り申候得共、山川の絶景も目馴候而ハ弊屋の菜園ニハ難及、はしめて犠牛の歎と申事ハ存当り申候、来歳ハ地をかへて之御苦心相察し申候、子々孫々迄遠国ハ不可勤、況や赤地不毛の場所恐れ申候、呵々
又云、此上納金名前帳御勘定所より案文参候へ共、解しかね候故、下案仕立御勘定所案文共

さし上申し候、何卒右ニて御問合被下候様いたし度、別紙にて申達方も相分り不申、宜御判談可被下候、依而一覧差上申候、

注

(36) 水府の御隠居（水府老公）　水戸徳川斉昭。

(37) 戸中書（戸川・中務）　戸川中務少輔。
弘化三午閏五月十八日　西丸目付ヨリ目付
嘉永三戌二月廿九日　近海岸見聞御用被遣
同五子五月廿七日　西丸普請掛り
同六丑六月七日　浦賀表へ異国船渡来に付、為見聞被遣
同年六月九日　病気に付御免
同年六月十八日　本多越中守海岸為見聞罷越候付附添被遣
同七寅五月三日　辞

(38) 九鬼　九鬼式部少輔隆都。
弘化元辰十二月晦日　柳之間席ヨリ大番頭
嘉永六丑六月十八日　海岸防禦御用取扱、即日本多越中守附添、海岸為見聞被遣（幾モナク着遣ヲ止ム）
安政四巳六月八日　辞

(39) 対州　井戸対馬守覚弘。
嘉永二酉八月四日　長崎奉行ヨリ町奉行
同七寅正月十五日　浦賀表へアメリカ船渡来ニ付為御用被遣（応接掛）
同年寅三月三日　日米和親条約締結

安政三辰十一月十八日　大目付
(40) 都築　都築金三郎峯重。
嘉永元酉十一月朔日　大津代官ヨリ勘定吟味役・海防掛り
同六丑三月廿四日　佐渡奉行
同七寅四月廿二日　下田奉行
安政二卯五月廿二日　禁裏付
同五午三月十七日　卒
(41) 崎尹　長崎奉行。
(42) 佐尹　佐渡奉行。

（六月廿一日）

宿継内御用状拝呈、厳暑之砌倍御清暢奉抃賀候、其後当表無別条御安心相祈候、一定便帰浦之御内状十七日夕三郎助(43)御附属之御手帖十八日附廿日附悉皆拝読、御繁労中いさい蒙仰奉万謝候、一々ハ御答不仕、越中殿(44)はしめ御巡見の事承知、夫々手配可仕、存外九鬼式・江川(45)太之類多輩の陪従、異船渡来よりハ市中之混さつ、扱々当惑仕候、併し海面其外共御見置ニ相成候得は大ニ安心仕候、一書翰翻訳も出来之よし、三ヶ条ハ風説書之通り、夫ニ付政府ハ勿論諸有司紛々之論、寛猛相半候よし、嘸々左様ニ可有之、所謂船頭多船却而上岡のたとへニ奉存候、就而此程中より拙見込ハ相据り居候事故、別帳進達仕度候、此儀は御打合御連名ニ可仕と奉存候へ共、却而別々より申上候方ニも可有之哉と一名ニ仕候、尤、跋文に粗御同意ニ有之、相触候義は石見守より可申上と相認候故、御一過之上総而御同意ニ御座候、其趣端紙へ御認ニ而御差出し御座候而可然候、尤、是ハ御大事之儀故、聊無御斟酌御十分ニ御為筋被仰上候様仕度候、此節厳格之論ハ畠水練之徒ニ而不足取、たゝ時勢因循苟且を専一といたし候故、面白可笑つる〳〵に引掛ヶ手延ひの論を功者といたし、遂に其様な事に落入り、黒白判然と不仕候而は当暮の応接仕かね、此処ハ兵家に所謂拙速を尊ひ候場合専要と奉存候、乍御手数伊勢殿(14)・備前殿(46)之御内へ御直ニ御返答可被下候、但し書翰の文諸向一同へ御示しと申も如何可有之哉、御示し有之候迚、諸向の論ハ無用の弁多く可有之、樞要の有司其意を存候ハヽ、相済可申、まつ余り委敷知れさるハ拙ハ可然と奉存候、扨政府の御英断ニて、たとへ互市相開け候共、末々ニて異論可申義も無之、国家の危急ハ廟堂の御任故、多力を御待無之共、早く御決着肝要いたし度候、

一栄左衛門一条(47)、現米八十石之御譜第ニテ、是ハ出格之事ニ御座候へ共、当人之本願ハ其場ニは無之、弥左様ニ有之候ハヽ、与力にて現米八十石之御譜第と申もの、江戸と違ひ当地ハ永世

相続之御抱ものニて、申さハ何も規模不相見候而、向後応接引受候事、何分頭之身分ニてハ為骨折かね候故、弥別段被召出兼候儀ニ御座候、現米八十石其儘被下候御譜第ニて、格式可相成は御勘定格と被仰付候様仕度、今一応も二応も七左衛門御談可被下候、実に此度之骨折不容易、数万の人命ニも拘ハり候場合、栄左衛門・達之助(48)舌三寸にて平穏に承伏候事、何程之御称御座候而可然、非常之事は非常之廉ニて御取調御座候様仕度、既に当暮渡来も御座候事ゆへ、朝三暮四之御取計無之様、猶又御談可被下候、同人を不相用してハ危急之処取扱かね、実に相勤まり不申候、別段御褒美之事猶又申上候義も御座候而、夫へ栄左・達之助事をも書加へ差上候間、早々御進呈可被下候、

一三郎助其外共無滞帰浦、いさい承候、河州(13)・左衛門(49)之口気共御同慶仕候、

一異人江遣しもの、鶏・玉子計りハ先日之書面ニ申立候ゆへ宜、猶又細考仕、長崎表和蘭国王使節へは奉行より品々遣し候物も有之、此度は貢献もの無之故、宜とハ乍申、長崎ニ引競候而は遣し物麁末ニて、御存之品々も遣し候事ゆへ、却而外より相洩候而ハ御後口江闇く可相成哉、依之河内守江内々御談し可被下候、右は遣し物鶏・玉子の外、巻物五・吸物椀五十・きせる五十本・渋團扇四十本相添遣し申候、長崎ニても渋扇四十本遣し候例有之故、相認メ申候、渋と申候而無難ニ奉存候是ハ、午年ボストン船渡来のせつ品々被下物有之、既に駕籠細工もの差遣し候所、右は御入用調ニ相省キ候様御右筆内達ニて調相省キ候事ニて、かの節と此度と

ハ相違も仕、書翰受取之うへハ奉行より右位の品遣し而も可然、兎も角も機嫌克出帆第一ゆへ差遣候事、有体なから此儀ハ不申立方可然哉と一向ニ腹ニ入御相たん、夫共是ハ相当ゆへ申立候方との儀ニ候ハ、、其節之事是ハ河内より内々伊勢殿江御再打いたし置候方、後難有間敷と又々心附候ゆへ早々申上候、宜御勘弁御取計可被下候、

一高割上納之儀、此度直に熊本ハ御免ニ不相成候よし、先日組之者一同御番士調練ニて御免之廉を以て相願置候処、御沙汰無之、此度ハ渡来之御用も相勤め、既に御本丸御普請上納も異船渡来ニ付上納御免ニ相成候先例も御座候事故、此度は奉行はしめ支配向下曾祢金三郎迄上納御差ゆるし之御沙汰御座候様河内へ御内談可被下候、其程合尤御見計ニて御内談可被下候、

一越中殿御見廻は難有候得共、九鬼之如キハ何等之次第ニ候哉、多輩の巡視下民之労苦実ハ異船の再来ニ近く長歎息の事ニ御座候、何卒其験相顕候様御備相立候へは宜、戌年之如くニては無詮事ニて、土地の疲弊可憐事ニ御座候、

一廿日御参詣不被仰出云々、扨々心痛仕候、少々奥向相勤候者より承候事有之、甚心配仕候天下之災厄一時輻《カ》湊如何共可致様無之当惑仕候、

右は大略申上候、余ハ定便へ引つゝき可申上候と、取込早々乱文御判覧可被下候、頓首

六月廿一日　　　　戸田伊豆守　印

井戸石見守様

毎度御鄭重之御端書御礼申上候、まつ〳〵気張も宜相勤申候、御安慮可被下候、暑前よりハ少し暑さも凌能く候へ共、日中ハ何分調も出来かね申候〇下曾称も廿六日出立と相定候所、越中殿御見廻済迄ハまつ差留可申候、左様御承知可被下候、早々不尽

注

(43) 三郎助　浦賀奉行組与力中島三郎助。
天保六未閏七月十二日　浦賀奉行組与力見習
嘉永二酉六月廿日　父清司隠退番代与力
同六丑六月　米国使節ペリー浦賀来航時応接掛
同年十月十一日　御軍艦鳳凰丸（註77）晨風丸製造掛
安政二卯八月十一日　長崎海軍伝習のため長崎差遣（長崎海軍伝習所第一期生）
万延元申九月二日　御軍艦操練教授方頭取手伝出役
元治元子十二月廿九日　富士見宝蔵番格御軍艦頭取取出役
同三卯五月十六日　軍艦組出役
慶応四辰八月五日　悴恒太郎・英次郎とともに浦賀出立、幕艦開陽丸に乗艦
明治元辰十月　箱館に至る
同二巳五月十六日　父子三人千代ヶ岡陣に於て戦死
中島義生編『中島三郎助文書』

(44) 越中殿　本多越中守忠徳（泉藩主）。
天保十二丑七月十二日　奏者番ヨリ若年寄
嘉永六丑六月十八日　海岸為見聞被遣。勘定奉行川路聖謨・目付戸川安鎮・韮山代官（勘定吟味役格）江川太郎左衛門随行。

万延元申六月廿八日　　卒
（45）江川太　江川太郎左衛門英龍。
天保五午五月四日　　家督相続、代官就任
同十亥正月九日　　鳥居耀蔵とともに豆・相・房・総国備場巡見（随員内田弥太郎・奥村喜三郎の件で鳥居の反対にあう）
同十二丑四月十日　　高島秋帆に入門
同年七月九日　　幕府、高島秋帆に対し砲術を江川英龍に単独伝授することを命ず
嘉永六丑六月十九日　　代官ョリ勘定吟味役格、御代官是迄ノ通リ且本多越中守海岸為見聞罷越候付、附添可罷越旨
安政二卯二月　　卒
（46）備前殿　牧野備前守忠雅。
天保十四卯十一月三日　　所司代ョリ老中
安政四巳九月十日　　御役御免
（47）栄左衛門一条　香山栄左衛門。
天保十四卯　　浦賀奉行組与力
嘉永六丑九月三日　　譜代取立
同七寅四月廿八日　　富士見宝蔵番
「十一日（嘉永六年六月）、今日異船より進物品を与力香山栄左衛門へ贈候様子風評有之候由、右香山義ハ中々世道人之様子、当奉行戸田氏も万端香山へ事を謀り候様之事と申」浦賀見聞注進手控　横須賀史学研究会編『浦賀奉行所関係史料第四集』
「香山へ内意云々の儀に付、同役不平色々議論相起り甚だ六ヶ敷儀有之候処、是は仲間中の事故委細は不申上と云て止り候、異船応対香山壱人に託せしは深き意味有之事の由果して後に同人御咎筋有之候事」浦賀奉行支配組与力樋田多太郎より聞書『大日本古文書幕末外国関係文書之一ノ一六』
「六月十二日亜船四艘共無滞退帆……私義は此度勤労之御褒美として格別之御取立被下置度申上ニ相成候由

……種々様々之浮説増長……猶更一日一日と悪説弥増候内、十二月ニ至り、以来異国船応接之義は、支配組頭相勤、為立会御目付支配向可罷出旨被仰出……無実の悪説を蒙り……元来跡方も無き浮説故」香山栄左衛門上申書（安政六年提出分）『大日本古文書幕末外国関係文書之二ノ一五』

右のように当時既に香山に対して、嫉みによる中傷・進物受け取りなどの風説があり、十二月以後戸田の信任厚きにもかかわらず、異国船応接掛を外され、応接掛は支配組頭となった。しかし、ペリー再来航時、左のように急場に際し起用された。

嘉永七寅正月廿八日「米使応接掛林韑（林大学頭）等、浦賀奉行支配組与力香山栄左衛門ニ旨ヲ授ケテ、米艦ニ参謀長アダムスヲ訪ヒ神奈川ヲ応接地ト為スヲ以テ、艦隊ヲ小柴沖ニ旋サンコトヲ折衝セシム」

同年二月朔日「浦賀奉行支配組与力香山栄左衛門米使応接掛ノ意ヲ承ケテ米艦ニ参謀長アダムス訪ヒ、横浜応接ヲ約ス。米艦、悉ク神奈川沖ニ退泊ス」『維新史料綱要巻一』

（48）達之助　蘭通詞堀達之助。

（49）左衛門（川路）　川路左衛門尉聖謨。

天保六未十一月廿八日　勘定吟味役
同十一子六月八日　佐渡奉行
同十二丑六月十二日　小普請奉行
同十四卯十月十日　普請奉行
弘化三午正月十一日　奈良奉行
嘉永四亥六月十八日　大坂町奉行
同五子九月十日　勘定奉行
同六丑六月十八日　本多越中守海岸為見聞罷越候ニ付附添可罷越
同年十月八日　勝手掛り、長崎表へ為御用被遣旨（露使応接掛）
同七寅十月十七日　為御用下田表へ被遣旨（十月十五日露使プチャーチン、下田来航）
安政五午正月八日　老中堀田正睦外国事情奏聞の為上京被命
勘定奉行川路聖謨・目付岩瀬忠震随行被命

同年五月六日　西丸留守居
同六未八月廿七日　御役御免隠居被仰付（将軍継嗣問題）
文久三亥五月十一日　外国奉行
同年十月四日　辞
慶応四辰四月十二日　（江戸開城の翌日）ピストル自殺
『日本史辞典』角川書店

（六月廿二日）

定便内御用状附呈、甚暑之砌益御清穆奉賀候、当鎮平穏御降軫可被下候、
一廿一日附急宿次申上候条々、御承知被下候事と奉存候、勢州公[14]江は何卒御進呈可被下候、尤、御直ニ御口上添御差出可被下候、
一遣し物之儀、御異存無之河内へ御談し被下候事と奉存候、当地に而も次第柄ニ寄、越中殿か左衛門江可《カ》申立と存居候、不宜と思召候ハヽ、此書状着次第早々可被仰下候、
一晨風丸乗試御一覧と御座候へは、鉄砲打方も為致候積り、御台場も仮据付いたし候間、空砲打も可為致と存候、

一大久保釭之助昨年不取締有之、席下ヶニ相成居候得共、西洋流師範役之事、此節柄ゆへ帰席申渡候、
一佐々倉桐太郎(50)江御武器掛り申渡候、右は独行不及御相談候罪差掛候ゆへ御免相願申候、
一当便水主其外御褒美願取調差上申候、立かへ御入用ハ水揚商人共冥加之為上納切を相願申候、当地之人気皆如斯よく〳〵被仰上可被下候、当暮にも渡来有之候事故、可相成丈ヶ御褒美早く被下候様いたし度ものニ御座候、御普請掛り之御褒美と死物狂ひの異船御褒美と格段之相違、何卒人気御引立相願申候、
一諸家異船ニ就而は、挨拶向ハ受納不相成候事ニ相成り候ゆへ、上より被下もの無之而ハ、いよいよ励み無之処御演舌可被下候、
一香山の事如何案し申候、香山と堀達との気合損候而ハ暮の渡来大心配ゆへ、爰ニハ先例彼是被仰候時ニハ有間敷候、
一六月大名御暇不被下候事候ヤ伺度候、
一白川越中殿御見廻り(51)より六十一年め廻暦ニて越中殿御見廻名詮自称ハふしきニ御座候、
一御手当ハ何卒朔日受取之処御周旋相願申候、必死之場合御察し可被下候、
一朝議紛冗一定仕間敷と奉存候、扨書翰一条一同御示之事ニて愚論申上恐縮、たたし再案仕候ニ、何卒御返翰受取御申上候、当年中再渡可致、数艘之軍艦ニて渡来之事候は、衆人の肝を

洗ひ候事故、御触有之候而銘々覚悟為致度ものニハ無之哉如何、
一徭役之事は長歎息、海面異船退帆後、陸路之有司陸続として渡来、西奔東走実に疲弊に有之候、当節御預所減し人足無之、無拠川越・彦根へ掛合申候、当節之急務ハ書翰の事ニて、今更ヶ間敷御経営之事迚も即今の事ニハ及かね申候、
一御舟之儀、晨風丸形諸家へ夫々用意被仰付候哉之よし、扨々御用ニ相立候へは難有、是ハ無余儀物を造候計りニて、如斯もの日本国の御軍船と申ハ恥かしき事ニは無之哉、無キニハ増り可申候、大軍艦御座候而も、水主の御制度改り不申候ハヽ、御用ニも立かたく、夫にハ蒸気船より開キ候方一番弁利ニ御座候、過日之建言中ニて御熟察被成下候様奉願候、諸有司之怠惰何も唯今と相成候而ハ六日の菖蒲残念ニ奉存候、
一蒸気船并軍艦の事ハ、外夷の御備とも相成候事故、十万石以上志有之もの試の為一艘ツヽ造立之儀勝手次第之旨御触有之候ハヽ、西国辺にてハ直ニ出来可申候、夫を手本ニいたし候方早くハ無之哉、如斯大量の御触出候ハヽ、諸家の志気相立可申候、
右は其御地之御模様次第建白ニ及ひ、宜候ハヽ、此度は御草案相願度候、
右申上度書通多く御見廻ニつき、科々手数かゝり、異船よりハ取込早略乱筆御判覧可被下候、頓首

六月廿二日　　　　　　　　　　　　戸田伊豆守　印

井戸石見守様
猶々御厭専一と奉祈候、河州へ宜御頼可被下候、兎もあれ、このセつ九重中の一事甚心痛ものニ御座候御様子、猶又御内々相伺度候、以上

注
(50) 佐々倉桐太郎　浦賀奉行組与力。
(51) 白河越中殿御見廻り　老中松平越中守定信。
寛政五丑三月十八日　海岸巡視（豆・相・武・房総・大島）

（七月二日）

定便内御用状拝啓、炎熱如燃候所、乍例御清暢之御起居抃賀無量、当地其後は平穏如旧御安慮可被下候、
一越中殿はしめ役々衆、去廿七日御着、翌日は誠(52)丸方御台場御見分相残り、昼後より明神崎御台場御見分、夫より館(53)浦御船屋前にて晨風丸打試并に明神崎・亀甲岸調練打等御見分相済、御番所江御立寄、御船屋亀甲岸共御見置ニ而黄昏御立戻、翌廿九日東浦賀より御乗船、終日

海面御見分、八半時御立戻、晦日御出立三崎江御旅宿、下曾称金三郎業前御見分被仰出、三日浦賀御着、四日久里浜ニて同人業前御見分之積り、右故組之者町打小筒調練等御覧ニ入候心得ニ有之候、役々多勢ニ而市中之混さつ無申計、都合御泊二日相増し、戸川(37)ハ病気宜しからす、着後養生ニ取掛り、三崎御附添も御免と相成、当所に居残り、御徒目付・御小人目付一人ツヽ附添居申候、右御見分等ニて手数多く、去月三日以来一日も安眠致し兼、市中人足共迄困弊御察被下候、乍去海面并に御手薄之処、得と御賢察ニて、是程ニは有間敷と思召候御様子、冨津・観音崎(54)の渺々ニは御当惑、いつれも大船御新調之外善謀良策有間敷と思召候御物語等有之、よもや此度ハ御仕法も相立可申と国家之御為竊ニ大慶仕候、附属之有司・猾吏多輩如何可有之哉、まつ〳〵年来の腹ハ癒大慶仕候、小子義も勤ハ此度限りと決心故、聊身分を構不申、厳敷事を吐露仕申候、江戸にて早鐘を打て火事羽織の輩相集り、何之御警衛ニ相立候哉、拙も拙も無限事なと大口を明て笑ひ候類、御察可被下候、此度建言の次第ハ、自然忌諱ニも相触候事ゆへ、是にて賜死候共、官の為に身を捨候事ニて愉快不過之言路相塞候而ハ、異人の玉先に被打殺候残念ゆへ、同しくハ失言の罪にて早く泉下に安居仕度と存候ゆへ、厳敷事を申候、御一笑可被下候、身をかはひ候故口を閉て、身を捨而は申度をも申気楽ニ御座候、

一先日差上候伊勢殿江之帳面、御直上ニも相成候由難有、右ニ付公之御書添をも拝見被仰付感

読仕候、右は越中殿江も写差上、猶又添書一冊差上候間、右添書写為御承知さし上申候、
一越中殿科々見込御尋ニて申立候儀は、再度浦賀着迄に取調可申立旨御沙汰ニ付、明日はさし出し可申と、是又帳面に相認候、右写一冊為御承差上申候、浦賀表御警衛之儀は、一己ニ申上候段如何御座候へ共、差掛候事故、独断之罪ハ御免相願、肝要ハ見魚崎と御船の事ニて御同案故独断仕候、此上は御人之事計りと奉存候、就而猶御見込相違之廉文段相聞へかね候事ハ猶御認取被下、越中殿御帰府の時被仰上可然候、此節ハ口を閉候秋ニは無御座候、国家の為に乍不肖論弁仕候心得故、左様思召可被下候、越中殿ハ十ニ八九拙之見込御受込ニ相見へ申候、
一越中殿御越之節、此度は炎暑之時節骨折太儀ニ思召、氷砂糖壱箱被下候旨御達有之、御賄御仕立ニて御持越ニ相成り難有頂戴仕候、尤御内通被下候事故、御礼申上候ニ及ハす候段をも被仰含、組之者江も被下もの有之、与力御警衛相勤候廿四人江扇子弐本宛・葛粉壱箱、砂糖壱箱同心組頭より見習迄八十八人江葛粉壱箱・砂糖壱箱被下之、誠ニ以冥加至極難有仕合ニ奉存候、右御吹聴申上候間、若御序も御座候ハヽ、殊之外難有かり、与力・同心共ハ実以冥加ニ余り候段、伊勢殿・備前殿江御礼奉願候、尤、表立候御礼ニは無御座候間、其段も御含、程宜様被仰上可被下候、不存寄事ニ御座候、下曽祢ハ渡来中都而身ニ染骨折候所、被下物相ぬけ、気之毒至極、川路(49)へも及相談候所、身分柄ゆへ取計かね候段申聞、当惑被致候、御礼

之御序も御座候ハ丶、其段も御歎願被成下、実に此上浦賀奉行被仰付候もの、同人程の御用弁ハ有ましく、何卒一際之御引立御座候方、御国家の御道具故、其段も御申立奉願候、
一九鬼俄に御見合セハ丶、誠に大慶仕候、表役ニて海防ニ相掛り候例も無之、同人ハ好人物ニても、山鹿の如き悪才坊主附居り候、心配いたし候所、まつ〳〵邪物を免大慶、越中殿も御安心の様子、右御省ニ相成候ハ川路の骨折と越中殿御内はなし有之、
一当地御台場指明神崎至極評判宜敷、組内砲術も大キに御気ニ入候趣ニて、度々御賞美も出、大慶仕候、御安心可被下候、
一廿六日附宿継拝見
峯寿院(55)様御逝去之儀、何共可申上様恐入候、例之通宿継御達書到来、御請并御機嫌伺等差出し申候、
一異船遣しものハ書面ニ仕り、越中殿江御内々さし上置申候、巻物五・渋團扇四十本・キセる五十本・吸物椀五十、此儀ハ弘化三午年アメリカ船(56)渡来之節遣しもの、追而御入用調之節、奥御右筆差図ニて廉書相減候儀も有之、程合相分兼候故、此度も申立ニは相省き候得共、遣し候ニ無相違事故、御内々申上候段相認メ申候、右ニて御承知可被下候、
一御褒美願中、松村宗右衛門再出之よし、不取調恐入候、全源八郎之間違ニ御座候、弥市紥も被仰上被下候よし、御手数恐入候、又々意外之御差支眼前ゆへ、其以前被仰出候様御骨折可

被下候、

一定便帰浦被仰下候条々敬承、既に前段ニ事済候義ハ略し申候、

一書翰和解出来、不遠一覧も被仰付候よし、嘸々衆論蜂起可仕、乍去実物に出会不申候輩ハ畠水練を免れ難く、何卒拙之建議に相極り、暫時の急を免れ、後日之御警衛相立度ものニ御座候、江戸の諸有司久里浜の景色珍敷見物とハ笑止千万ニ御座候、就而は此上過激之御論も可有之との御事御尤千万、平素文学ニ入候もかゝる時に其力を不出ハ無用之事ゆへ、御激論御尤ニ御座候、此度越中殿江申上候ヶ条之内、御評議御決定之上は、暫時出府被仰付候様相願有之、右は一人の弁より乍不及二人の力強ミゆへ、御助太刀をも申度との存念ニ御座候、よしや御返翰出候ニも為致、此度ハ取計甚た面倒ゆへ、念ニ念入伺度、御同符ニ御座候ハヽ、公よりも此義御願置可被下候、

一栄左・通詞之事御草案被下難有、右ニても届かね候ハヽ、天也命也、如何共可致様無之、何卒人力ハ尽し申上度候、其上ニも届かね候ハヽ、討死之上江戸迄之一条の血路相開可申候間、御覚悟専一と可被仰上候、此節気強キ事を申ハ、謀反人同様之大罪、早々被仰付可然、其段越中殿江も可申上候、

一中務(37)病気ニ而着後引籠故、栄左衛門・通詞の糺ハ未相済不申候、四日夕の事ニ可相成と被察申候、

一此節ハ差向キ御多事ニ而八鼓後七鼓前御退出、しかし其内ニハ不可言之珍事も可有之、海防之事ハ是迄なけやりの咎故、掛り之向ハおめ〳〵何の面有て利口らしき口を叩き候や、申さハ不届至極ゆへ大刑罪被仰付可然もの、小子をハ泥中へ落し入候次第、上の御為をも不存知レものニハ無之哉、

一御褒美沙汰如何ニ候哉、是をも彼是御惜み被成候様成る御小量ニてハ、浦賀ハ勿論、天下の為に力を尽し候ものハ有之間敷、乍恐乱世のはしめ朝中之議皆古代如斯歎息〳〵、

一御官位御礼被為済奉抃賀候、

一御手当金御蔭ニて早速裏書相済、海岳御礼、去月三日より海外へハ蒸気船の来客引つゝき、陸路ハ参政諸有司之来臨引つゝき、盆前惣鬼之責鼓、彼を防き是を歴へ、実に災厄輻《カ》輳之年から御賢察可被下候、しかし死ぬ事と一番仕舞か決心ゆへ、気分晴々、聊も掛念無之、かの古証文ハ一時に棄捐と我から覚悟仕候、千里至楽の会頭ニて合壁正解丸出し之講義、苦々たる南楼生員之一書生、今既如斯大場之職を汚候ゆへ、此位なる崇りハ勿論にや、南北合衆国へ名を知られて死候ハ冥賀なる事ニ御座候、

一埋海の説、既に船中ニて川路発言ゆへ、一言の下に破しおき申候、夫式の事ニて拱手安眠して外国と応接可被仕哉、是も一知術ニ御座候へ共、軍艦砲台両全して日本武芸一変せされハ、何を以て宜きと可被申哉、余り馬鹿〳〵しき事ニ御座候、

一船路・水底頻りに御普請役測量いたし申候、夫ニて相分り可申、是迚も今ニ始り不申、猾吏其虚ニ乗し候故、何を申候而も通り申間敷、天周徳にあきたるにや、被仰越候事共、皆々的中奉感誦候、衆論蜂起区々たるも遂にハ拙等の申処ニ可落入と相考へ申候、右ニて今年ハ免れ可申、たゝ御警衛の処ハ如何可有之哉難計候、何分此節ハ紛冗在勤之心持ニハ無之、日暮ニハ極よろしく御座候、依之例之通乱揮御判覧可被下候、文中圭角ハ勿論也、御仁恕偏ニ相願候、頓首

七月二日　　　　　　　　　　　　　　　　戸田伊豆守　印

井戸石見守様

再白溽暑御厭専一と奉祈候、十二日朝少々雨有之候計り田もかれ水も減申候、家来も追々疲労旦夕ニ相見へ無人当惑仕候、

一誠丸云云先頃異船済先例之通りと申御同様さし送り故、異船の挨拶ならハ受納いたしかね候段申断いたし返し申候、其後用たしより内々願出候ニは、時候見舞として差出度赴キ抔承り申候、いまた御巡見等にて取込と相見へ、暑中ニも参り不申候、時候と申名目ニ御座候へは受納可仕と奉存候、左様御承知可被下候、当かたへハ暑中と時候をかね下総守より相送り申候、いまた三家ハ暑中も参り申さぬ位之取込ニ御座候、

一控二通り外一通落手仕候、

一アメリカ書翰中、故浜松より音信ものゝ事有之、夫故大監物閉門と申事風聞いたし候、いかかニや伺度候、
一御地ハ紛々之説可有之相伺度事ニ御座候、

注
(52) 誠丸　川越藩主松平誠丸典則。
(53) 舘浦　地図参照。
(54) 富津・観音崎　地図参照。
(55) 峯寿院　水戸藩主徳川慶篤の祖母美子、将軍家斉十三女。
(56) 弘化三午年アメリカ船　弘化三午閏五月廿四日来航のアメリカ東印度艦隊司令長官ビットル率いる軍艦二艘（コロンバス号・ヴィンセンス号）

（七月九日）

宿継御用状拝呈、秋暑酷烈之所、倍御清暢被為渉奉抃賀候、当地無別条御降軫可被下候、
一三日附・五日附・七日附并定便帰浦御内状共一同拝誦束ねて其要事のミ左ニ御答申上候、
一小甫内願成就は公之御周旋然らしむる所と於拙奉感謝候、如命可惜人物是又無余儀事ニ御座

候、当人江中渡候所難有かり、家内ハ跡より出立之積り、来ル十三日当人当表出立仕候趣申出候、着候ハヽ、御届書御進呈可被下候、酉年ニ畑藤三郎・朝倉彦太夫之二例有之候、

一書翰和解御渡しニつきいさゐ蒙仰、是ハ仰の如く大意ハ御同様ゆへ、銘々より認差上候方可然、早速草案ニ取掛り候所、余り腹か立候而何分筆廻り不申、夫も是も小言を申度相成、いまた出来不仕、出来差出可申御含宜相願申候、たゝ拙之見込最初ハ通商御ゆるしと申上候得共、泉侯(57)江ハ通信御ゆるしの事下ヶ札ニて申上候、此度ハ一向御大量ニ通信御ゆるしと申上候心得ニ御座候、右場所等も科々工夫中ニ御座候、御覧の如キ御役所ニてハ御外聞ニ拘候事故、決而御請ハ仕かね候、いつれ見込可申差上候と存候、浦賀ハ応接の地に無之、一言も不相交と申所を承伏為致置候故、其処ハいか様ニも可相成哉とも存居候、

一石炭置場無人島云云、左様之事更ニ申聞す、勿論使節も書翰中之事、香山如きものへハ不申聞候ゆへ、相分り不申候得共、書翰中ニ南海ニて可然湊と申候得は、無人嶋等にハ有ましく、石炭の交易を願ひ候趣ゆへ、置場の事ニハ無之と存候、しかし南国の海浜にて石炭を交易いたし、夫を無人島江差置候と申儀にや、本国より印度地等へ往反ニは無人島至極便利の場所とハ被察申候、

一貢献物一条、拙ハ重而渡来之節と相心得申候、若又持参いたし候共、使節乗組不申候而ハ受取不申候而相済申べく、決而唯今頃跡よりうか〳〵持越候様なる不覚之事ハ仕間敷と奉存候、

其段御安慮可被下候、たたし漢文の和解、拙ニハ二ヶ所不審有之、一ヶ所ハ浦賀奉行之取計ニ相抱候義故、其段越中殿へ逐一申上置候、横文字之かたハ原文御下ヶ無之、よしや御下ヶ御座候而もよめ不申候得共、漢文ハ儒者の解し違ひかと存候事有之、是も書面にて可申上と存居候、

一伊勢殿新部屋にて被仰渡候、異船内海へ乗込候共、江戸より応接のもの不被遣、浦賀之もの引受何丈ヶ引戻し応接可仕との事は、是ハ是非左様有度事ニて奉畏候迄ニ無之、出立前此事申上候事ニ在之、たとへ江戸海へ乗込候共決而御構被下ましく、浦賀之もの追かけ引戻し対談可仕、乍去江戸市中混さつ可仕、此儀ハ天下万国江対し日本之江戸程繁花なるハ無之候故、何卒混さつ不仕、泰然と被遊候方宜とくれ〲申上置、河内へも其事申置候、然ル所、何そや此度恐伏の甚しき、半鐘を打、火事羽織の徒を集め、町人足を駈催し、実ハ沙汰の限りと片腹痛く存居候ゆへ、此うへ共御泰然と被成置候様相願度候、此儀もよろしく候ハヽ、被仰上可被下候、既に浦賀表ハ両度迄町触いたし、此度異船無別条（マヽ）無之故安心渡世いたし、廻船其外平日之通りと申渡候所、江戸入の船ハ御さし留の様子、右にて下り船さし留り、諸式の直段も上り申候、一体廻船を留置て何之用ニ成候積りニや、平日肉食の人々、海防の事ハ度外に措、如斯時に至り急に俗策を吐候故、人々転例、歎ニ余り有事と奉存候、何卒これに御こり有之、向後の処しかと御見据相附候様いたし、又々例の小田原評議中再渡いたし候ハヽ、

直に金沢より本牧迄連々大船を繋ぎ可申、其騒ぎ如何可有之哉、其うちにハうるたへもの有之、遂に事を始メ可申、能々御勘弁有度ものニ御座候、水府老公[36]の御登城ハ大慶ニ御座候、彼御方もしや時節ニ後レ候故、打払等之御策ハ有ましくと存候、

一かの書翰ハ実に尽し申候、時務に渉り候事ハ感し申候、自立の年より七十七年[58]今如斯、数百の後ハ天下一統も可仕歟、幸に此節信を結ふハ策の善なるものと奉存候、いかゝ、

一御返翰の御文意ハ是非相伺不申候而ハ取扱仕かね候、其次第ニ寄候而ハ死を極めて建言も可仕、かつ御治定ニ相成候共、其扱振此度ハ伺置候而取計度、いつれにも暫時相並ひて伺置度事ニ御座候、儒臣へ御返翰の文被仰付候もへんなもの、御趣意も極り不申してハ筆も下しかね可申、例の唐人流にて爾蛮夷我中華の類にてハ災禍の端と奉存候、

一鵜殿甚左衛門[59]事、小笠原甫三郎江対し、此度は浦賀にても殊之外恐俯いたし候段申聞候由、其節甫三郎左様之様子ハ見受不申、恐俯いたし候様ニてハ異船へ乗入候義は出来不仕と申答候よし、甚左衛門義ハ若年より拙熟意之者ニ有之、当節ハ役柄ニて右体之義組之者江申聞候義ハ証跡有之候義御座候哉、更ニ恐俯不仕、素より死を究居候事故、聊も掛念ハ無之、しかし此度之異船書翰受取候迄之事ニて子細可有之謂れ無之、右ゆへ江戸海へハ乗入不申、江戸表ハ泰然と被遊候様御届も申上候、大方御混さつも可有之哉と組之者四度海上より直に為乗附御届申上候故、六日・九日共御登城ニ不相成、其都度〳〵出府為致候所、事済のうへニて、

江戸の騒動大方ならす、浦賀ハ左様之未熟之取計ハ不仕、市中へも度々無別条船内へ商売勝手次第と相触れ候、定メ而何か聞込れ候而右様之儀と申聞候哉、御役柄と申海防掛も候ハ、江戸市中混乱不致様之取計も可有之歟、右等を余跡にして浦賀之もの恐俯と申ハ甚甘心不仕候故、拙より申上候段御談被下、右恐俯の証跡御糺可被下候、品ニ寄候ハ、可申立と奉存候、此セつハ手負獅子同様、御一笑〳〵

一越中殿はしめ当地の御巡視相済、五日向地江御渡海ニ相成、戸川ハ不快にて直に神奈川へ渡海、同所にて御待合セ之よし、川路も砲技ハ不学、在外海防もあとケなく、江川ハ下曾称を悪み、岡田利喜二ハ奸物にて浦賀を潰したかり申候様子歴々相見へ、越中殿と早川(60)と勘左衛門(61)のミハ正路の眼力相見へ申候、肉食の御方々皆泉侯の如くニ候ハ、、乍ち御警衛相立可申、残念千万ニ御座候、

一組内御褒美も決しかね候よし、左候ハ、、真ま丶ニ可被成候、賞も不賞も官の思召所、天下の盛衰これより出申候、天也時也、人力ニ及不申、嗚呼、

一大森打様済、御筒廻方等いさゐ下曾禰へ談置候故、宜御取計、例之椿事発露前に相廻度ものニ御座候、

右申上度、余は重便万々可申上候、文中例之腹丈ヶを吐出し候間、御取舍勿論御宥恕可被下

候、頓首

七月九日　　　　　　　　　　　　　　戸田伊豆守　印

井戸石見守様

再伸、炎熱如燃凌兼候所、まつ〳〵御気丈之由重畳奉存候、何卒御厭専一ニ御座候、拙義も無異、乍憚御放念可被下候、家来御尋難有、是も実ハ六日泉下の人と相成り、無人大差支御察可被下候、留守宅家来も一人大病人有之、是ハまつ〳〵快復と申事、御家臣ニも引多のよし御察し申候、○御注進申上候大嶋辺異船ハ過日之船より大きく赤きよしニ御座候、是ハ魯西亜船かと被察申候、昨年下田へ置捨一件にてかの地へ参り候哉と注進まち居申候へ共、一向沙汰無之、夫なりニ候や、七日ニも相模沖ニ相見へ候よし、不取留風聞有之相糺し候へ共、分りかね申候、一艘位ニ候ハヽ、さしたる事も無御座と奉存候、○小出長州(62)気之毒千万、三好(63)ハ如何ニ相成候哉、明楽(64)跡より御徒頭其外ニ明キ如何候哉、留守同居二男も進物番被仰付難有、吉凶こもく〵至り、夫ニ就而も家来ニ当惑、御賢察可被下候、○埋海一条ハ、伊王嶋の近例御座候へ共、冨津ハ沖も地形相違ニ有之、何にいたし候而も大船御製造と砲術御開と、此二ツを於て可絶之策は無之、道具建出来にて新下り之役者顔見世、夫より幕明と申手続キにて、扨当り外れハ其時の運次第、道具も役者もなく当狂言出来可申哉、御考可被下候、不具

注

(57) 泉侯　本多越中守忠徳（註(44)）。
(58) 自立の年より七十七年　アメリカ合衆国独立一七七六年から一八五三（嘉永六）年は七十七年にあたる。
(59) 鵜殿甚左衛門　鵜殿民部少輔長鋭。
嘉永元酉九月十五日　小納戸ヨリ目付、勝手掛り・海防掛り
同六丑十二月十六日　大目付井戸弘道・町奉行井戸覚弘・目付堀利忠等ト共に、外艦浦賀渡来ノ際ニ於ケル応接ヲ被命
同七寅正月十五日　浦賀表へ為御用被遣
同年四月　下田表へ被遣
安政五午五月廿日　駿府町奉行
(60) 早川　早川庄次郎。
万延元申九月十五日　御膳奉行格奥右筆ヨリ奥右筆組頭
文久二戌五月廿二日　奥右筆組頭ヨリ二丸留守居
同年十二月十日　御役御免
(61) 勘左衛門（勘左）　田中勘左衛門。　徒目付
(62) 小出長州　小出長門守英照。
嘉永四亥十二月八日　先手ヨリ日光奉行
同六丑七月十日　卒
(63) 三好　三好阿波守長済。
嘉永六丑七月廿日　駿府町奉行ヨリ日光奉行
安政四巳九月十五日　新番頭
(64) 明楽　明楽大隅守茂正。
嘉永四亥十二月廿日　小普請奉行ヨリ普請奉行
同六丑六月十三日　卒

（七月十二日）

定便内御用状拝呈、残暑強候所、益御清穆被為渉奉抃賀候、当鎮無異御放念可被下候、昨十一日朝より雨、追々大雨、夜ニ入暴風雨、今日終日雨、尤微雨、風止かね、少々暑気を相払申候、貴地如何ニ候や、

一書翰御下ヶニつき愚存一封差出申候、尤糊ハ附不申、一応御内覧相願申候、いつれ大意ハ御同様と奉存候、御同勤なから、公ハ是迄海防御掛り之訳も有之、拙別ものニ被致候事ゆへ、文意も暴戻ニ相成候事も有之、過日被仰下候通り、銘々より申立候方可然、就而如何御決ニ相成候や、此上之御様子にてハ重而ハ御連名ニて申立候方可然と奉存候、旧来の御知己ゆへ心置なく取計候ゆへ、中ニハ尊慮ニ触候事可多と恐縮之段ハ、此節之場合、幾衛にも蒙御免申候、御先役ハ書翰受取も不承知、其うへ内海へ乗入候事も被相誹候やニ粗相聞へ申候、高見故何ともいへ、あの場に及て善策可有之哉如何、面唔ニ候ハヽ、可申事ハ如山如海、且蔭言ハいたしかたなく、貴地ニ而ハ御眼前御耳ニも入可申、御心中山々御察申上候、

一越中守殿廿八日昼後御台場御見分、其せつ御好ゆへ一発ツヽ為打、夫より御船にて舘浦へ御

渡海、御見分所にて明神崎・亀甲岸調練打、晨風丸形御船打試御見分有之、四日ニは久里浜にて下曾称業前御見分と申、御好焼玉にて材木焼立候様御沙汰ニて、右御見分無滞、尺角三重弐間四方悉く一発にて灰燼と相成、愉快ニ有之候、組之者小筒調練打、三日稽古残り玉打分、御好にて晨風丸へ可成丈ヶ貫目多之御筒組込打方御差図ゆへ、十三貫七百目モルチール筒にて打方是又無滞相済、殊之外御感心にて、翌日御咄し鬱散いたし候段被仰聞、大慶不斜候、下曾称事打方御見分も有之、五年五度在勤いたし組内教授も骨折候事故、御褒美御座候様いたし度、別紙越中殿へ之一通、表状ニて差上候間、宜被仰上可被下候、こゝに一云云有之候ハヽ、此以前石河抔出張の時ハ、田付・井上陪従、此二人西洋流の開け候ハ禁物ゆへ、兎角讒も有之哉ニ相見へ、此度も江川陪従いたし候所、是も下曾称禁物にて、兎角に浦賀を貶したかり申候、此事ハ甫三郎へ御尋被下、同人よりも可申上、越中殿ハ江川弟子筋なれとも、下曾称を御ひゐきに有之事無相違、川路ハ砲弾にヒク〳〵いたし候人ニて、江川とハ懇意、彼レ荷膽も可致歟、岡田利喜二、何ても浦賀を貶したかり候奸物ゆへ、折角越州の御腹に入候事も、親炙之人々讒ニ甚恐れ申候、早川庄二抔ハ質直ゆへ宜御談相願度、石河初役々見分之節も、銀弐枚与力へ、同心へ一枚ツヽ被下候ゆへ、御褒美ハ有度もの、折悪しく戸川不快にて欠席残念ニ御座候、此以前ハ拙先へ帰り居り、本加賀よく浦賀の事を御執成いたし候故、大キに評判よろしく、此度も出来も宜敷、戌年よりハ一段宜出来候へ共、肝心の江川ハ不満ゆへ、定メ而何か申出し可申哉、既に御小人目付抔へハ御台場之事も悪く申候よし、邪物多きにハ困り申候、御油断被下ましく候、江川にハおかしき事有之、此度南蛮鉄御台ハキストアホイトと申御台にて、一両年跡蘭書にもいまた仕立ハ不致候か至極弁利と申候品ゆへ、日本はしめてにて、江川は存せぬ品を古キ釈書に在之と申候類和蘭陀さへ此せつの新ものニ御座候、笑ふに堪申候、小筒備の二行並ひハ、昨年蘭人の申事にて、当年のアメリカ則ち二行并ひゆへ、いよいよ二行のよろしくと此せつ改め申候、是らも彼の存せぬ事ニ御座候、田舎人急に時を得て大間違ひの出来ぬやうにいたし度ものに御座候、

一唐通事ハ過日御存之通り入用少く、蘭通両人ハ定式在留ニいたし度、別紙申立、御異存無之候ハヽ、御進呈可被下候、此節御地ハ種々之御取込ニて中々御褒美所ニて無之哉、拙義越中殿抔へハ御褒美之事一言も不申候、何か自分の手柄を売候様ニ相成候而も迷惑、かつ重而の渡来ハ天下の御大せつニ有之、右をやれ引戻セ〳〵抔と力つくにいくものゝ様に思召候而も、高か御抱のもの共、そふ自由ニハ頭ニても遣ハれ不申、人の働くも働かぬも賞踰時候様な御卑劣ニてハ人ハ仕ハれ不申、是も天名（マヽ）ニやと歎息仕候、今頃気の付れたるやうに、御普請役なと御召連、大勢之巡見、海を埋、台場を築くも余りとや、今更ヶましく奉存候、如何、儒員御返翰の擬文ニ当惑も尤ニ御座候、上の思召不相知して認候ハヽ、扨々難義と被察申候、是ハ銘々より認め差出候方了簡も相見へ可申候、実は此せつ儒生ハ文匣ニ而、時務の御用ニ

ハ相立かね可申哉、和解も吟味にてハ、丙科位なものと存候、先日見越の建議、泉侯江之添書、別に一冊此度之建白、いつれも忌諱専らニて如斯事を申出し候而ハ最早株仕舞と覚悟ニ御座候、しかし、乍恐上と浦賀奉行を壁にして網の中へ押込やうな被成かた、残念千万ニ御座候、余り申過候や、尊慮相伺度候、御首尾能て三月限り之勤め、蒲生君平か至(カ)家三月落花時と申時節、則、別離と存居り此詩ハ三十四五年前公南楼にて御口授の七絶也御用向より御懇意にまかセ無用之繰言御宥恕可被下候、頓首

七月十二日　戸田伊豆守　印

井戸石見守様

再伸、残熱御自愛専一と奉祈候、拙不異相勤居申候、乍憚御放念可被下候、御家臣も病人多のよし、其内ニハ云云も可有御座、尤至極ニ御座候、故浜松云云ハ虚説のよし、御地の虚は爰に聞へ、爰の虚ハ貴地に聞へ可申、虚ハ遂に消可申歟、何となく人心騒敷ニハ困り申候、

一薩州の届書御一覧御座候ハヽ、拝見相願候、水府老公十年前の御著述ニ、外夷ハ不可近事と申題目有之、今ハ此御論ニハ有問敷と存候、老公の御敏捷ニても其はしめハ如斯、況や多く酔生夢死徒尤の事ニ御座候、呵々

（七月十四日）

十三日出宿継御内状拝見、貴地快雨有之由、如命炎熱少涼を覚へ申候、乍例倍御清暢之御起居相伺奉抃喜候、当地静穏御休意可被下候、

一上納金御免御同前ニ難有、支配向江も直に申渡候、難有旨申出候、右御礼公にハ御平服ニ被為済候よし、当方巳年御免之先例取調候所、御礼呈書も無之、其節は奉行は御免なかりしにや、更に書留無之、依之留守江申遣、次男江名代之御礼為相勤可申と奉存候、尤、其節手札江

西丸御普請上納金御免被仰付、支配向之者一同上納御差免被成候段被仰渡難有仕合奉存候、右御礼以名代申上候、

如斯為認、伊勢守殿江差出候心得ニ御座候、右ニ而可然哉、就而は何共〳〵御人遣恐入候得共、別封留守宅江御達し相願申候、

一伊勢守殿御渡し御書付両通被遣落手仕候、内海乗込候共、応接引戻方之儀、是ハ御書付無之共、此通り相心得居候事故、当二月ニも申上、もし蒸気船等ニてハ江戸海乗込候義自在故、応接の者相後れ候共、跡より追付申諭し可仕、就而は江戸の方ニ而は、御差構の無之方、可成丈ヶ泰然と被為在候様ニと申上置候位ニ御座候、然る所、此度是非浦賀表江引戻し、碇泊

為致候様御下知御座候而は甚当惑仕、早速応接掛江存念承り候所、是非為引戻との被仰渡之義ハ何分御受難仕、無余儀次第故、掛り御免相願候外無之と申聞候、其子細は、此度之御趣意ニ相成候而は、海岸ニ御固ハ無之、不見所に屯と相成候へは、陣屋内ニ休息もいたし居可申、実ハ御用ニ立かね候得共、番船は無之、左候而は異国船四五艘も参り、近くハ本牧辺より其末浦賀辺散在いたし候所、右江掛合候ものハ、浦賀押送六七艘計りにて、代る〳〵交代いたし、何程心配仕候共、奉行所とハ四五里も海面掛離れ、如何共可致様無之、引戻せ〳〵との御命令、我国限り之船にても小船にて大船は引け不申、たゝ応接掛りと通詞両人の舌弐枚にて掛合候事故、何分力つくニハ参り不申、此義御書付之趣奉畏候而は、眼前之罪を獲候事、御受は仕かね、応接掛り通詞へ申談候計り、然ル所、此者共一同御咎ハ覚悟ニて掛り御免相願ハれ候而ハ、奉行も相勤まり不申、此うへハ一命を捨候而当役他へ譲候外ハ無御座候、異変ニ相成候迄ハ、御固ハ誠に楽なる事ニて、異変ニ相成候節、押送位の小船にて打払出来可仕哉、既に此度も四家家来へ蒸気船打沈候策承候所、御差図ニ候ハヽ、打向ひ死を決し候計ニて、打沈候事は出来不仕と申候、左候ハヽ、異変ニ相成候而も御用ニ相立不申、異変と相成候事ハまつ無之事と存候へは、いつれも陣屋に安閑といたし罷在候迄ニて、奉行所ハ漸百人計り之与力・同心、八方へ幕張り、異変ニ不相致候へは夫迄之事、もし致損候時ハ天下の乱と相成候故、急度いたし候、朱引之御規定御座候而は、掛り之もの御受仕かね候段、尤ニ相聞へ申候、素り右之掛りと申候而も、奉行手限り之申付にて、別に其勤労の手当筋ハ無之、掛り不致共、与力ハ与力、同心ハ同心ゆへ、御抱の身分ニて、殊に寄、身を引可申哉と甚心痛仕候、冨津・観音崎を要所と思召候ハ江戸の定メニて、海面ニてハ浦賀沖より一見渡しゆへ其際限相立不申、異船の是まて乗込不申儀不思議ニ御座候、是迄御警衛御捨置ニ而、此せつ異船の内海へ這入易キを初而御承知にて、如斯御書付出候而は殆と当惑仕候、たゝ内海へ乗入候共、平穏ニ申論候様ニとの事計ニ候へは宜候得共、此御書付ハ海防掛り等評議ニて被仰出候事と被存、是を奉畏候ハ、此後乗入らせ候節不調法と可相成、実に進退谷り申候、

一四家江之談判方猶勘弁仕御受可申上、番船も不差出、海岸も不固と相成り候而は、御固の詮無之、此度抔格別厳重と申所も不相見へ、たゝ賦人を充テ江戸より俄に欠付候者の疲労にて、無用にして、御台場〳〵ニ詰候迚、左程困弊之歎息は如何之様ニも被存候、猶得と勘弁仕可申上、多分四家より御勝手抔へ頻り難渋いたし候段申立候事と奉存候、夫ハ御固の執役ニは無御座候哉、其兵卒の疲れさる様差引いたし候ハ、其所を守る家来の指揮ニ可有之、畢竟平生ハ安閑といたし、異船の来るを加役の様ニ心得、俄にうろたへ候故、自然困言もいたし候訳にハ無之哉、浦賀ハ小人数とハ乍申、与力・同心・家来・奉行家来・水主・船頭役水主共多輩ニ御座候へ共、当年之暑熱不容易、右故種々工夫もいたし、医師三人為附切、日々薬用手充いたし候ゆへ、病客も無之、少しハ差配之致方も可有之哉、何か高慢らしく恐縮仕候へ

共、皆平生覚悟無之ゆへのまこ付と奉存候、十日の日数相掛りても無事ニ相済候故、今更ヶ間敷雑費の難渋を申候へ共、毛程の事ニて異変ニ相成、跡ニて銭勘定つくニ可相成哉、御固引受候上ハ、上之御為ゆへ、難渋抔申上候ハ何卒御固の御免にいたし度ゆへ之歎願ニて、左様なる小事を御聞込次第御下知出候而は実に心配ニ御座候、

（上欄注）此薬礼金拾五掛り申候、追而御入用申上候心得ニ御座候、

一川越、此度之入費一万両と申事申立候よし、就而ハ内探之事被仰下承知仕候、外見ニは左程之事とハ更ニ不存候、しかし平生詰場所ニ為差人もなく、如斯時に臨、急早等にて川越領分より人数昼夜となく欠付候事故、其費ハ嘸かしと存候、就而一万両の事は実の入用と見候而、小子ハ一論御座候、右は御固相勤候ニ付、高割上納金御免ニ有之、十七万石ニて納高八千五百両ニ御座候、右江千五百両相足し候へは、泣言ハ申さすともよろしく、かつ酉年以来中三年異国船参り不申、陣屋に安閑と寝候計りニて、年割ニいたし候へは漸く五百両の損毛ニ有之、御固いたし候うへハ、年々異船参り候とも無據次第、かつ同家ハ弐万石の御加増ハ有之、家格も直り候事ニて、主人は引込、家来共計り如斯御奉公を不相勤候而ハ余り恐入候事ニは無之哉、就而内探り之儀被仰下承知仕候へ共、近来の風儀、此内探りと申もの間違多く、よしや御固か何万両掛り候而も、其屋敷の覚悟次第ニて、小事の詮義ニは有間敷哉、しかし御沙汰ニ御座候ハヽ、いたし方なく、一万両掛り候而も勘定ニ引逢申候、右を馬鹿〳〵敷申立候

ハ、ちと不埒ニは有間敷哉、御賢慮伺度候、此セつ左様なる小事ほじくり所ニは無之候、かつ決而一万両可相掛訳ハ無之と存候、外藩と違ひ四家ハ御家門御連枝ニて歎願の通りかたよろしく困り申候、一体四家共に持場広く迷惑ハ無相違、此持場へ人を并へ立候ハヽ、十万ニても費用不足いたし可申、先日申上通り今少し御固人数御増に相成り、銘々持場相減候様いたし度、掃部頭方も大造に手広く四家共実ニ迷惑ハ無相違、御家門の旧家を見殺し之御取計ニ御座候、

前文応接の事ハ何分是非為引戻と御規定ニ相成候而は掛り一同御免相願可申、左候而ハ奉行乗組候外ハ無之、乗込候も易く候へ共、引戻ハ御受合申上かね候、何の御書付ハとうかいたし方有間敷や、御考可被下候、以前ハ城ヶ嶋・洲の(マヽ)(65)先より外ニて乗留候様御沙汰の所跡ひさりと相成、城ヶ嶋・洲の先より外へ乗出し申間敷と相成候ゆへ、異船手近かニ相成り、浦賀海面ニて繋留候故、夫から冨津辺本牧まてハ一目ニ見へ申候、波あらに相成候へは是非此間の所迄ハ流れ込可申哉と申事ニ有之候、

一下曾称大森云云、組出張の事御伺彼是御手数ニ奉存候、同心一人御留置、直に附添御筒相廻候様御取計可被下候、誠丸方へ相廻候例も有之候よし、下曾称心得居候よしゆへ御尋可被下候、其外被仰下候義は種々御尤至極、御同前に身を引より外覚悟無御座候、何卒暫時出府出来いたし、御同様に相並ひ候而一利屈申上度事山々御座候、何分御勘考可被下候、余は重便

可申上候、早略乱文文意も胸に塞り候ゆへ相貫き不申、御憐察可被下候、頓首

七月十四日　戸田伊豆守　印

井戸石見守様

猶々御端書難有、折角御自愛御同意奉祈候、天下至難の御場所ニ出会ひ恐縮仕候、身を引候か上の御為か、爰を気張て押通すか御為にや、今ハ実に進退谷と相成り申候、嗚呼

注

(65) 城ヶ嶋・洲の先　地図参照。

（七月十八日）

宿継御用状拝呈烽暑退兼候所、倍御清栄被為渉奉恐賀候、当地平穏御休意可被下候、

一小笠原甫三郎御同前ニ難有、全御周旋故奉感謝候、右御礼呈書さし上申候、御覧後封御附御同朋頭ニて御進呈可被下候、此義以前ハ御老中方計りへ呈書いたし候所、旧冬岸本小助之節、筑州参政分をも仕立被相廻候故、甚之丞へ承候所、出来いたし候ハ丶、参政江も差上候様申聞、

以来共其例と談し置申候、御礼廻勤在府之ものハ不仕候、今般先格之通と被仰下候ハヽ、筑州・高井権之例ニても御座候哉、御老中支配談所向、支配向転役等ニて御礼勤之例は無之候、支配組頭ニ候ハヽ、格別相越候而も可然、御前ニ無之被仰渡向ハ拝領物ニても支配向之事御礼廻り不致、武術若年寄御見分済御目付より御礼之達御座候へ共、相越し不申候間、左様思召可被下候、此度は相済候間宜御座候、至而談所ハづるき所ニ御座候、御目付へ問合候を御礼に行ヶ〳〵と申候へとも、都合の事ハ問合セぬ方と極内之御伝ニ御座候、右ニ付三人明キゆへ御入人之義可申上と存候、然ル所先日御沙汰之御船之義ハ如何ニ御座候や、可相成は此節御下知も出候ハヽ、注進船小船位は出来可仕と奉存候、十五間場角場之御普請も掛り不被仰付、追々仕越も出来いたし候、何事も岡評議永キにハ恐れ申候、

一先便御廻し御書付弐通ハ何分御請仕兼候故、別紙二通表状ニてさし上申候、是非浦賀表へ引戻し可申之是非と申文字ニて、もしや異変と覚悟之外無御座、浦賀よりハ内手ニて事相始り、御固四家ハあれよ〳〵と遠くに見候計り、直に江戸へ乱入と相成申候、右之処御承知ニ候ハヽ、御受も出来申候、一体是等ハ畳之上之御勘弁ニハ参らす、とこか内海とこか外海と差別附可申哉、かつ浦賀ニ碇泊いたし候共、気か替り候ハヽ一瞬ニ乗込可申、小柴沖ニ碇泊いたし候共、平穏なれハ掛念ハ無之、是等は御警衛の厚薄次第、如何様共可相成、まつ〳〵当節御返答方之大事をも候や、三十八九日何を小田原評議被遊候や、今にも気か替り渡来いたし

候ハヽ、如何被遊候思召ニや、甚ふしん仕候、栄左衛門へも評議為致候所、別冊さし出し申候、公迄入御覧申候、外応接のものも、是非と申儀ニ而は退役と申出候、

一御固四家困兵云云、是は四家家来より何か申出候事と奉存候、別紙之通り可申上と奉存候、両通共篤と御一覧、思召も御座候ハヽ、御直し被下、宜御進呈可被下候、御両名もの故御斟酌なく御取付可被下候、両様共滅多ニ承附仕かね候、跡ニて困る理屈ニ落入可申候、

一薩州届書写返上仕候、英人彼土ニ在之、此度の事は承知可仕候間、乍ち押掛ヶ軍威を以交易願可仕と来夏ハ極々御難渋之御在勤ニ在之、上之御処置御疑念なく諸有司邪念無之候へは、忠勤の張合も御座候へとも、御褒美位なものニて、河内より早々取調差出候様、御出船同時ニ着、一夜不眠取調差出候所、今以御沙汰もなく、頻ニ困言いたし、番船無益と御沙汰ニて、四家江は乍ち御懇之被仰出有之、まつ唯今之所ニてハ、御同前ハ此度之御用ニは相立かね候思召候やと歎息仕候、追々御沙汰も相延候故、組内気配も衰へ、そのうへ眼前数艘之軍艦渡来ハ相見へ、奉行一人何程気をもみ候而も御一同之御猶予ニて手術相尽候段、河内へ御談可被下候、

一洋砲出来十八九寸打様し相済、直に同心附添御廻し、与力は直に帰浦云云、右之通り相心得、同心ハ附添を兼候事故、家来一人差添、法皮雨具等相渡し可申候、与力・同心共自分稽古鎌倉へ引附候へは、自分入用ニ相心得候間、其段申渡有之、同心ハ御筒附添ゆへ、跡ニて御入

用相渡し候事、一体御筒類相廻り候節は、在勤同心交代之節附添候様御下知御座候へ共、此セつから御筒相急キ、交代ニは日合も有之候故、別に附添申付、其段、跡ニて可申上と奉存候、御筒先例御証文ニ御座候へ共、実ハなくても可然御品故、表状之通申上候、御規定ニは五十目以上、老中之証文なくして一挺たり共不可通と御座候へ共、御関所を越候義ニも無之、御関所ハ飾付ニ相成候事故、私共評議仕候所、組之者附添居候事故、御証文被下御番所改無御座候而、在府より在勤へ之印書ニて可然義と奉存候故、御証文不願と申義被仰上候而は如何可有之哉、今少し早く気か附伺候と宜処、唯今心附申候、小田原船ニて下田へ鉄炮廻しも浦賀御規定ニ触候所、此度大目付御目付限りニて申上置為相済申候、右は御規定敗候ても、浦賀は浦賀之御規定有之候処、評議御下ヶも無之御聞済と申ハ、御条目ニ相違故、可申立ヤと存候へ共、何もかも非常といふ字へ引当候へは、御用弁宜方可然と黙止居申候、しかし此儘ニハ捨置かね可申とも存居候、

一当表同心今西宏蔵と申もの、異船渡来中之筆記いたし、右を追々人手ニ相渡し、夫江又々附延いたし、一冊弐匁五分定価ニて買々いたし候段相聞へ、早速召捕夫々吟味中ニ御座候、其うち三冊江戸表へ相廻り、昨日より取寄セ中、いまた立戻り不申、多分流布も可仕歟、如何之作意等も有之、不届之事ニて、宏蔵ハ慎申付置候、此者義は壱人之酔狂人、いらさる所へ手を出し、公事出入之尻持等をもいたすもの、此者、原弥十郎へ懇意の様子、此度同人旅亭

へ罷越、晨風丸形ハ御用ニ相立不申と頻ニ申、是ハもはや出来ぬ積りニいたし候段、酔狂中吐露いたし候段、同心共参り其外種々悪言をも取繕候哉ニ相聞候は、右体不埒之者故、殊に寄候ハヽ、厳格ニ可申付と存候間、弥十郎へ御尋被下候共、庄次郎へ御尋被下候共被成下、いさゐ口気被仰下候様いたし度候、庄次郎へも懇意の様子と申候よし、一体空気の大言家故、跡形もなき事ニや、夫も難計、孫（マヽ）十郎へはいろ／＼申候よし、自身に申候間、御尋可被下候、　右申上度、いさゐハ定便帰り之御内状ニ御地之御様子も相分り可申と楽居申候、種々口つから申上度如山可相成は、暫時の出府泉侯へ願置候間、宜被仰上可被下候、迚も書中ニテハ毎度徹底相尽不申候、早略乱文御判読可被下候、頓首

七月十八日　　　　　　　　　　　戸田伊豆守　印

井戸石見守様

尚々此せつ御一人御持切之よし、嘸々御苦身と奉察候、いまた書翰之御建白も不相済よし、御地ニ而は俗事相加り候ゆへ、当表とハ大ニ相違も仕、御尤ニ御座候、しかし是は聊も御猶予成かね候事、金言如山御建白偏渇望仕候、無滞御通信御通商と相成候而も微細之手続キきといたし候事ニは無之、大本極り候而枝葉ニ及候事ゆへ、根本早々相定まり候様いたし度候、御返翰も拝見之上愚存をも申上候心得ニ御座候、道具建計り考中、見物人か押掛候而も役者ハ下らす、幕ハ明かね、其うち楽屋まて乱入と相成候而ハ大変ニ御座候、御勘考可被下候、先便唐船

出帆目出度と申御文通、跡にて心附大笑仕候、拙方へ之文通ニ去ル布衣以上之人より、此程ハ御心配奉察候、しかし出帆相済候故沙汰程とハ不存、扨々毛唐人共武勇国をねらひ候ハ、不届至極ニ御座候云云、なんとヶ様之文通をいたすハ十人並より少し気の有人ニ御座候へ共、余りとや〳〵、滅法界世の中あきれ果申候、此セつハとこへも返事ハ不致候、御一笑可被下候、平岩叔抔ハ嘸々大論可有御座候、世に用ひられさるも心博く可有之、犠牛の身ハ進退谷と相成可申候、

（七月廿二日）

定便内御用状拝呈、残暑退兼候処、倍御清栄奉賀候、拙轄無異御放念可被下候、

一定便帰り被遣候御内状拝読、貴地之御様子相伺、何となく歎息仕候、如何ニ御評決ニ相成候哉、御機嫌克も始り、右等ニ而は別而政府の御混雑御察し呆敢取申さぬ事と存申候、不決着之上は、困り候者は拙計当惑仕候、種々之蔭言も御耳ニ入候よし、嘸かしと存候、是は在勤丈ヶ耳ニ入申す、右故気楽ニ大言を申居候、先日中進呈ニて愚論反吐之如く打顕し候ニヤ、種も無之申候而も通り申間敷、此うへハ無言天命に安し候心得ニ御座候、泉侯御帰府の光景

相伺度、定メ而御逢も可被為在、拙等か建言如何之御受込ニ候哉、諸有司之事迄相伺度、戸中書如何ニ候哉、此人計りハ頼ミにて田中勘左か如キは朴質故、実事を可申候、其他ハ風之吹廻し次第かと被存申候、公には殊之外御鬱懐之御様子、甚御案事、御内外実に恐察、乍憚御内事之処、乍不及御相談も可申上、必々御気丈ニ御凌可被下(マヽ)候相願候、拙微力勿論ニ候得共、当今之場合、両国合離治不治の急場ニ臨み候而は、一寸も引不申、是非見込ハ相貫キ、諸有司を御相手ニ何処迄も論候心組故、是非〳〵御荷擔被下候様相願申候、筒肥(66)よりも申越候事有之、返書旁彼人の見込いまた十分ニ無之故、別紙申遣候間、乍憚御届相願申候、泉侯は多分可然とも存候へ共、実ハ彼侯説の不行を歎息ゆへ、如何可有之哉と御案し申候、夫に、猾吏陪従故、不安心ニ御座候御様子かと、御探り帰便可被仰下候、公素り御謙恭(カ)ニ而御鎮黙、感伏仕候へ共、爰は旧来の御学力一はい之所、偏に相祈り申候、拙も何卒一寸なりとも出府仕、相並ひて、利害得喪を条陳仕度、筒井へも其事申遣候、彼是申うち七月も相立候、駒隙の歎別而此節は心ならす、実々実……実の字一以て貫之申候、

一倹素之下令御同意奉存候、何もかも一度ニ相成一笑三歎、

一応接引戻、四鎮家来へ尋問之事ハ、いつれも宜とは難申上、先便申上書面差上候間、御一覧被下候事と奉存候、宜相願申候、士在軍門其命有所不受、かつ海岸節度使の事を朝廷より彼是と被仰聞候義ハ甚其意を得さる事にや、余り大言過可申歟、

一打様しニ付三人出張いさゐ御周旋被下、御筒相廻候事と楽み居申候、
一先日御尋之蒸気船焼失之巷説、右は御答失念恐入候、当地ニても専ら申、六月廿二日附美濃表之書状にも其事を申越候、されとも其浮説の根元相知レ不申、実事とハ存し不申候、しかし当市中之者、先日之蒸気船天火にて焼失と申事ニて大安心仕候よし、用達共用部屋江罷出申聞候故、夫ハ夫にいたし少しも安心為致候方可然と笑置申候、少しは形の有事にや、蒸気の煙りを火事と見候ニや、火の防方厳重ニて、其辺に居候とも火気を覚へぬ様ニ手当もいたし有之よし、
先は当便是迄ニて、余は下回之分解ニ相譲、早略頓首

七月念二　　戸田伊豆守　印

井戸石見守様

再伸　秋熱御厭専一と相祈申候、○御機嫌伺追々日割ニても出候や、先例見合候所、御容体伺之呈書出候留有之、何のかねニて出候や相分り不申、大目付達しに飛札差出候様達し廉につき、外々共呈書出申候、右等之所も御含よろしく御差図相願申候、水筑揚々閭里を過、崎地に赴かれ候事と存し申候、遠国へ参られ安心の気味御粲笑のミ発歩前日光ハ出来可申候、三好も足痛旅行難儀之申立ニてハ、遠国もむつかしく、坂井右近[67]を何卒日光といたし度、述斎檉宇[68]共格別御世話も御座候事故、先師へ報恩と思召、何卒御推選於拙相願申候、度々三上候へ申上厚

御含ニ御座候、水筑と同轍ニて、渠は抜擢せられ、是ハ沈淪仕、可憐事ニ御座候、
右認候所へ、和泉殿[57]御証文にて宿継到来、御勝不被遊候段被仰下、恐入候次第当惑仕候、此御朱書ニてハ、乍ちかと被存候、御褒美沙汰も弥泣寝入と可相成、力なき事ニ御座候、就而は、弥参府跡々之事御催促申上度、御工夫相願申候、油断いたし而ハ間ニ合申間敷、甚心せき仕候、
以上

注

(66) 筒肥　筒井肥前守政憲。

文化十二亥九月六日　西丸御目付ヨリ目付
同十四丑七月廿一日　目付ヨリ長崎奉行
文政四巳正月廿九日　町奉行
天保十二丑四月廿八日　町奉行ヨリ西丸留守居
同十三寅三月廿三日　先役中不束之儀有之、御役御免、差扣（矢部定謙の讒に連累）
弘化二巳七月十九日　勤仕並被付、学問之儀林大学頭差継、林式部同様相勤メ可申候
同三午十二月十四日　朝鮮人来聘御用林大学頭代り
同四未二月八日　西丸留守居上座（大目付格）
嘉永六丑十月八日　長崎表へ為御用被遣（露使プチャーチン応接掛）
同七寅七月廿四日　大目付・海防掛是迄通り
同年十月十七日　下田表へ被遣
安政三辰八月十七日　朝鮮人来聘御用懸
同四巳正月廿二日　御鎗奉行、海防掛席之儀大目付次席と可心得旨

同六未十二月　　　　卒

(67) 坂井右近　坂井右近政輝。

嘉永三戌十一月廿九日　使番ヨリ先手弓頭

同六丑十二月廿七日　万一異国船渡之節、市中為取締臨時廻可仕旨

安政二卯五月廿二日　火附盗賊改め、加役

同五午六月五日　浦賀奉行

(68) 述斎・檉宇

述斎（林述斎）明和五～天保十二。

岩村城主松平乗薀の三男、名は衡、号は述斎・蕉軒等。林家七代信敬の養子となり林家を相続し、林大学頭となる。林家の私学であった聖堂学舎を幕府の学問所とした。林家中興の大儒。

檉宇（林檉宇）寛政四～弘化三。

八代大学頭林述斎の第三子、名は皝、号は檉宇・摘斎・培斎等。

天保九年致仕した父述斎の跡を継いで、大学頭となる。家斉及び家慶の侍講。天保十二年父の死により家秩をついだ。

『江戸文人辞典』東京堂出版。『日本史広辞典』山川出版社。

坤（自十一月至十二月）

（十一月二日）

定便内御用状拝呈、霜寒之砌、倍御清勝被為渉奉抃喜候、当鎮無異如旧御安襟可被下候、
一砲機書御下ヶニ付、被遣落掌仕、其余は夫々差支候よし、山路下ヶ札共いさゐ承知仕候、過日被遣候船図、当月交代与力江相托し返上可仕候所、陸路出立仕候故、大物附属為仕かね、かつ古物ニは御座候へ共、船大工江見セ候所、弐ヶ条益有之、右ニ付いつれ都合仕近日返上可仕候間、左様御含置可被下候、
一烙丸竈之儀、縷々蒙仰、まつ可成ニ積出来いたし、早々差出候所、書損有之、御引替等相願、定而両様共に相届き候事と奉存候、宜御取計可被下候、
一艙砲鋳立御下知追々相後レ、暮江掛りいよ〱手間取レ可申、来春之出来無覚束、気をもみ候故、御催促ニ申上之書面、前文烙丸竈積り一同差立、御手ニ入候事と奉存候、遅く相成候

而も命也と覚悟も可仕候得共、押詰等之御下知ニ而は、御交代迄ニは皆済不仕、都而御差図中流に漂ひ候義、歎息之限りニ御座候、毎度奉労御在府恐縮仕候得共、宜御督責奉願候、来歳は地を易て催促方ニ可相成、御察可被下候、一昨年下曾称等鋳立候大砲、今以玉薬製造不相整、如斯御優長ニ而御国法之打払之と何たる事ニ可有之哉、白旗を振て閉口之外無之、拙之建言相潰れ御国威相立候ハヽ、八裂ニ相成候共、皇国の眉目ニ候得共、遂にハ拙之建言通りニ落入可申哉と落涙仕候、いかゝ、

一去ル廿四日ロ々御受取金御廻し、廿八日着、彼是御骨折故奉万謝候、

一間宮支配、早速被仰下奉謝候、当便申上候書并に一応支配江達候方とも存候故、達書も差上申候、宜相願申候、

一讃水夫(69)之儀も、再三取調書被遣、先日申上候書案と折衷仕、当便是又申上書差上申候、右ニ而可然哉、無御腹蔵御加刪何分相願申候、

一泉侯御内々御下ヶ之書面ニつき、先便之書面御一覧も被成下候処、御同意ニつき御両名御認入、直に御返上、序ニ縷々被仰取候段委曲蒙仰、先以大安心仕候、甚以如何之申立方、承捨ニ相成兼候得共、実は此度を疑ひ候義も有間敷、書取方筆廻らさるに可有之とも存候、夫に就組頭申立方御下案拝見、聊異存無之、則返上仕候間、乍御手数是は直筆もの故、御書写相願度、扨名前之処黒加(70)一人は如何ニも可然と奉存候、鈴大(71)は素り手際存し不申、以前少し之

内隣家ニ有之、温順之様子ニ相聞へ申候故、得と御勘弁可被下候、中川飛州(72)抔は懇意之様子ニ御座候、御朱書三名の初筆は急度可然、既に林家抔よりも咄合有之、まつ御書物奉行へなりとも進め可申哉之見込有之、乍去何方か塞り居候様子、昨年も浅中書より申上候節、先見合候様福相御談しも有之、夫ニ去冬頃少々承込候義も有之、夫は監定違と存候へ共、御同前より又々申立候ハヽ、御疑念の種ニ可相成哉とも存候故、御勘弁ものと奉存候、其外両人は一面識も無之候故、何共申上兼候得共、名前承り度ゆへ可然、いつれニ相成候共、一人出来仕候ハヽ、大に助けを得候事故、何分右之内ニて御取極相願候方可然候、向山一人は御勘弁之上御差加之方と奉存候、定メ而御手心御座候事と奉存、如何

一司農府一人浦賀兼帯は松河州(13)可然奉存候、組頭は誰可然哉不存候へ共、岡田利喜は御免蒙り度奸物と奉存候、中村(28)為なれは極よろしく候、しかし誰ニ而も宜、計局と一くるみ之模様ニ相成候へは、御用弁御取締共、最上の御為筋と奉存候、

一亜船取挌方御催促之書面も御進呈被成下候哉、相伺度候、

一旅館一条違論紛々一定ニ不及候よし、是等は一日も早く落成いたし、不慮之備相立度ものニ御座候、即今之形勢総而不備不虞如何共可致様無之、諸葛か才も楠公之忠も可施術無之ニは当惑、

一田信(73)は御普請掛りさしゆるし、其他は緩々保養可致旨相達し、よく／＼利解仕候、当春以来

の事なから、亜船にて長□出勤いたし候事ニて、前日之引込は水ニ成候故、御暇申渡も余り早過候故、何分不都合、夫ら之処再々応組頭江申渡置候、

一ハッテイラ一艘出来、乗様し等仕候処、至而宜出来仕候故、御安心可被下候、何卒大艦之かた首尾能相整い申度と存居候、船中之法則厳格ニ無之候而は、御用ニ相立不申、皇国陸上の規則は、天文以来諸流相伝候へ共、戦艦の規則は無之、異国之法則は厳格可恐事故、彼我折衷仕候而一工夫中御座候、右ニ就而も砲器之御沙汰渇望此事御察可被下候、

一拝借御下金之帳面出来、組頭より差出候所、足軽共迄名前相載セ有之、未た新潟之御様子も相分りかね候得共、跡より加候ハヽ、却而手も掛候故、其儘差上申し候、右故トチ目の印を不仕、乍御手数御調印相願度奉頼候、

一御同前拝借金一条、一人廉立候ハヽ、当テ気抔と被申而も如何、世間並ニ仕候かた悪申され申間敷哉と、乍不本意ぬく〳〵と下案差上申し候、宜御推察可然様相願申候、いつれ後候事はいつとも難計、猶世間之様子相伺度奉頼候、下され金等延引候て組内ニても差支之様子も粗相聞へ申候、

右申上度、如例走揮繚草、御判覧可被下候、不具

十一月二日　　戸田伊豆守　印

井戸石見守様

再伸、新寒御自玉専一奉祈候、短日と申御内外御多事之由、奉恐察候、今年も残寡ニ相成り、乍毎年歳尾に至り駒隙之歎を発し候も、いつも在勤年ニは一日千秋の思ニ御座候得共、当年は来客近キ候故歟、月日の速成ニは恐れ申候、春となり候得は、十五日ニは御暇頃合被仰参申候て、年始後は直に其御手都合ニ相成事故、拙抔は暮に駕籠を包かへ、ワさと年始計り新物但看板共計相用、跡は出立迄仕舞置申候、小身者の作略故、左様御内々申上候御役知御飯米不残御払と申事、もしや当勤思召切之御所置ニやと恐れ申候、併御采邑近在故御都合宜、右ゆへにや相伺度候、当夏申上候通り、来春は渡来へかかり下田御巡見之御猶予とは相成ましく、右は追而之事ニ而御都合と奉存候、余程之御入費ニ相成、さして之御益は無之、しかし人足口入御家来抔は少しも弥敷所一覧いたし度故、必不承知之御諫言可申上候、御勘弁ものニ御座候、

一駿台出府意気揚々たる事候や、就而は、六本樹之事御精力を被尽候よし、扨々御礼申上候、いかにも可憐事ニて、元部屋筆下より被相越候而ハ嘸々弱られ可申、本加州(74)・三宅長州(75)とも宜被仰合相願申候、福相へ何か当り候よし、当テ気ニて持出し過候よし、長州被申候へ共、一体山気等はなく少々ほらを被吹候迄ニて、左程に強ひ事を申候(カ)人とも不存、如何候哉、御為筋をハよく心得られ申候、何分於拙御引立相願申候、早々不尽

注

(69) 讃水夫　讃州塩飽諸島の水夫。
(70) 黒加　黒川嘉兵衛。
嘉永六丑十二月十五日　普請方ョリ浦賀奉行支配組頭
同七寅正月　米使ペリー来航時応接ニ当ル
同年四月廿五日　下田奉行組頭
(71) 鈴大　鈴木大之進。
安政二卯六月三日　御勘定ョリ勘定組頭、永々御目見以上
(72) 中川飛州　中川飛騨守忠潔。
嘉永三戌七月廿九日　佐渡奉行ョリ普請奉行
同六丑十月八日　作事奉行
(73) 田信　浦賀奉行組与力田中信吾。
(74) 本加州　本多加賀守安英。
嘉永五子四月廿八日　大坂町奉行ョリ勘定奉行
安政五午十一月廿六日　卒
(75) 三宅長州　三宅長門守康済。
嘉永五子閏二月廿八日　目付ョリ小普請奉行
同六丑七月廿日　普請奉行
同七寅四月廿二日　西丸留守居

（十一月八日）

本月三日之宿継内御用状拝展、如命新寒相増候所、倍御清穆被為渉奉抃喜候、当鎮相替儀無之御安襟可被下候、

一伊勢守殿、荒井甚之丞(76)を以御渡し、御覚書早々当方へ御廻し、いさゐ御書中之趣承知仕、四家々来呼出し相達置候、いまた下総守家来は相越し不申、到着次第可相達候、

一貴兄御所労之所、為差御違例にも無之、不日御出勤ニ可相成由重畳安心仕候、御自愛専要相祈申候、右ニ付、松河州昇堂、崎地之様子も粗御聞込之よし、然ル所、書置之書翰いまた到来無之、真情相分りかね候、右は何たる事ニ候哉、役々出張ニも相成、御返翰相渡候事は、崎地ニて承知之儀ニ可有之、筑州之才幹も外人は意外之事と歎息仕候、如命直に当浦へ相廻りは致間敷哉と察候へ共、是以難計、日々客来の用意心ならぬ事共ニ御座候、

一崎地発向之輩は、中道より東帰ニ相成候哉、相伺度、

一魯人之所置、定メ而不容易成事ニて、所謂もてあまされ候哉、崎陽外人之所置、膠柱ニ出候故歟、何となく面白からぬ事ニ御座候、来歳は崎地江立寄候うへ、直に当方へ可参、諸役人出張抔を迂遠と存候故、直に浦地入津相違有ましく候、

一先頃五島嶋、蒸気船一条極内相伺候所、更に左様之事は無之、其節も、此節は四艘共揃ひ候哉ニ被仰下候、右は全公は左様ニ思召候哉、又は小子へ御隔意被下候哉難計、国之隠秘は猥

りニいたしかね候事故、其後は不相伺候、此度魯人出帆ニ付、又其事ニ及候ハヽ、魯の蒸気船五島海にて破船いたし候哉、帆道具流寄有之、崎廰江届ニ相成、流寄の品も取揚ニ相成、此事極秘ニいたし有之哉之よし、かつ魯人も帰船無之義を不審いたし候よし、再度出帆いたし候船も右之風聞紀等ニて、上海并に琉球海等へ相越候ニは無之哉、もし都下風説の如く、五島にて打沈も候ハヽ、追而其事ニ就キ違論も可生、かつ全難船ニて候ハヽ、其事打明かし候共嫌疑も有間敷、もし夫ら之事証跡相探候為歟、又は其証跡を得候ゆへ之使節船出帆ニは無之哉、拙此事甚心配いたし、都下ニて科々売歩行候事ゆへ、少しは証跡も可有之歟、夫に魯船五島の沖ニて難船と申趣き、かつ其事魯人へは極秘ニいたし候次第等、何か疑敷様ニ被存候、御聞込之実説得と御示教相願度候、尤、崎尹江届等の事は竊ニ洩聞候事ゆへ、深く御穿鑿ニては恐入候、

一魯人再度崎地江罷越候共、役々不在ニ而は此度は直に当かたへ可相廻候、左候迚当方へ役々被出候而も応接之地に無之、況や応接可致場所無之、曲て海浜取建物等いたし、其時は相済可申候得共、亜船再渡之時を如何可致哉、迚も外異之御取扱、其国々に従ひ御変動有之候而は御国法相立申間敷、何に為致、旅館は不慮之御備ニ候間、早々御差図有之度、書面ニ而は御握詰投込評議と相成り無詮事故、事情得と伊勢守殿江被仰上候様いたし度候、

一御軍艦(77)はいまた七分とは難申候へ共、御船屋は廿日前皆出来ニ可相成、日吉丸・千里丸御代

船之方壱艘近日皆出来、一艘も七分通出来ニ相成り、ハッテイラも弐艘出来と申場合ニて、此うへは手間仕事ニ相成候ゆへ、七分通出来御入用御下ヶ申上候間、宜御取計可被下候、

一御軍艦御船銘下田丸も不面白、蒼隼丸もまつ見合セ申度、鳳凰相顕ハ天下安寧と申古語も有之候故、鳳凰丸と申唱度伺書差上申候、宜御進呈可被下候、

一御軍艦附御鉄砲類、御鋳立何分御下知無之、甚当惑仕候、何たる御悠長ニ候哉、自然之節、毫髪も御国辱に不相成様御触とは更ニ相違之事甚た不審仕候、もし御鋳立不被仰付候ハヽ、致方も無之故、取集め置候銅・錫類取払申付候間、否哉御左右相伺度候、二三千金の都合いたし候事ニて甚当惑仕候、夫共御鋳立被下御廻ニ御座候へは、重畳ニ御座候得共、亥年御鋳立之大砲いまた玉薬も不相揃、如此して国辱を受候ハ誰かなす所ニ候哉、余りとや御無体至極ニ御座候、畢竟役々外夷の事は夢にも知らす、一寸逃れに御国法を口実といたし候得共、百計不施して其制を受候外無之可相成哉、切歯瞋目とは此事ニ御座候、海浜之戍兵昼夜不安ニ相勤候而さへ、やゝもすれは、役々之疑念実以口惜次第死しても目を塞不申候、当月中ニ五挺の玉薬御下知も無之、見魚崎これも六分通り出来仕候之掛り人数も御沙汰無之、御船筒鋳立も不被仰付候て銅・錫は一回手放し、異船渡来仕候而も御警衛向は仕兼候間、其段御含宜後来之処御引受相願申候、四家々来共呼寄相尋候而も、一向御警備向ニ別段之存意も無之、其うへ上向よりも何之御沙汰も無之よし、左候而は、異船江戸迄は自在ニ相越候間、此うへ

之処は天下の大才川路・江川之両尹引受、御国辱ニ不相成様取計候事と存居候、如何

一亜船之御振合は魯船ニ准候事と思召よし、如何様御尤に存候、右ニ而は御案中ニ落入候ゆへ、尊慮ニ応し可申候得共、拙は猶被仰出次第一応申上度事御座候、魯の通りニては承知仕間敷よし、交易も和構も御断被成候而も、夫は兎も角も上の思召次第ニて、先方の申分是非共承知セねハならぬと申訳ニは有ましく候哉、たたし外国の使者は使者の扱にいたし、来翰は来翰丈ヶ相互に国王同士の格式は相立度ものに御座候、たとへ先方の申分に任セ候共、規を失ひ候而は如何と奉存候、こゝ之意味合迚も、今時の人ニは開け申間敷、国中の事ニギミガマいたし候故、地球を掌上にいたし候大量の人出さるうちは何分届申間敷、魯人の出帆も膠柱家の腹を一洗するにハ足り可申、何卒／＼卒爾の事出来らさる前に、諸人の見を破り度もの、是則ち皇国の御為と奉存候、

一此度伺之うち、鳳凰御飾として彫付候事、もし御尋も御座候ハヽ、船《（カ）》将部屋入口并御船のへ先ニ取付申度候、御軍艦故可成丈御立派ニ無御座候而は御武威も耀き兼候故、左様ニ取計申し候、組人数も百八人乗、此内船将一人、士官与力六人、同心二十八人、足軽十人、船頭三人、水主六十人〆百八人ニ相成り申候、尤、洋へ乗出候節は、俗事役・医師・通詞・船大工・鉄砲師・鍛冶や・桶屋・髪結・仕立屋之類、凡十人程乗組可申候、右ニ而此度之御船は具足仕候、是より押而大船も此割合ニて乗組之積り、此調先日中より苦心仕居候、猶御示教可被

下候、
一先日船も波弐ッ越されは用立申さすと被仰下候、波三ッ越不申候而は覆没の憂有之と申事存候得は、三拾間以上の船ニ無之而は三ッは越しかね可申候、尤、洋の事御座候、波一ッを七丈ニ見候而、其波三ッを渉候船ニ御座候へハ、くら〳〵不致候故に、砲丸妙中を得可申候、此度之御船、実は弐拾間ニ相成候、乍残念少サく御座候、引続キフレカット御製造いたし度、乗組人数遣ひかた御人之処も愚考御座候、追々可申上候、
右申上度、過日之御答旁定便着前認、早略の乱揮御判決可被下候、頓首
十一月八日　　戸田伊豆守　印
井戸石見守様
再伸御違例甚た御案事申上候、乍去不日押而之御出勤と相伺ひ大安心仕候、何卒御自厭専要と奉祈候、御家内様かた御風邪多よし格別之御義ニも不被為仕候哉、御取込奉遠察候、拙義も不異ニ相勤候へ共、万事憤悶故歟時々口痛是ニは困り執筆も難渋、別而乱揮御仁恕奉願候、一御大礼後献備ものゝ義、先格之通り宜御心添奉願候、不具

注
(76) 荒井甚之丞

天保十二丑四月廿四日　　奥右筆ョリ奥右筆組頭
嘉永五子五月　　西丸普請掛り
同七寅　　死

(77) 御軍艦　鳳凰丸。
「幕末期に浦賀奉行所が建造した洋式軍艦。嘉永六年九月大船建造の禁の解かれる直前に浦賀で起工、翌年五月に竣工」「長さ百二十尺・幅三十尺・深さ十五尺・主檣長百二十四尺…砲門十…推定排水量は六百トン程度で、のちの咸臨丸とほぼ等しい。それだけに、名実ともに最初の大型洋式軍艦を日本人だけで建造した浦賀奉行所の中島三郎助や春山弁蔵らと船大工棟梁粕屋勘左衛門たちの努力は高く評価すべきで、この成功が近代海軍建設の急務を痛感していた幕府首脳や有識者たちに与えた感銘は衝動的なものであった。」石井謙治『和船II』法政大学出版局
鳳凰丸に関する参考文献
　安達裕之著『異様の船』
『鳳凰丸御軍艦御造立より御見分迄之書類』慶応大学三田メディアセンター蔵

(十一月十一日)
昨十日出宿継御内状、今十一日黎明到着拝展、先以御微恙御回春倍御勝常と奉抃賀候、当鎮別条無之、御休意可被下候、
一御船附御筒新鋳小道具并に見魚掛り伺共無滞相済、いさゐ被仰下候条々奉謹承、先以御周旋

不一方候故、首尾能相済候事と奉万謝候、当地ニ而待遠敷存候ゆへ、毎々御責申上候得共、貴堺之事は経歴仕、得と承知仕候故御尤至極、全ハ前勤故諸向へ之御談も御行届相成候故、如斯速ニ御差図も御座候へ共、表方より御同役と相成候而は、迚も何程当地ニ而気を揉候共難及、此義は深く感服、其段は毎々掛り江御噂申居候、くれ〳〵御礼申上候、就而は早々取掛り申度、追々算へ日と相成、其うへ一昨年之大砲いまた落着不仕候事抔御見合可被下候、存外手も掛候ゆへ、明日定便とは奉存候へ共、一日を争ひ候故直に今日御入用御下ヶ申立候間、猶宜夫々御督責可被下候、

一惣御入用も壱万五六千ニ及ひ、玉薬製造所と御筒鋳立場・小道具取建所・御軍艦打建小船打建所・御船屋等両三人ツヽ、間配り候而も引足兼候故、掛り増向兼而御相談之通此所ニて申立候、宜御含可被下候、御交代迄に是非皆出来為仕度、もはや百日余の事故、容易之事ニは無之、実は平生の在勤と違ひ、日の相立候事を惜み候、御察可被下候、もし増人数書面之通相成兼候ハヽ、与力は一人減候而も可然哉と被存申候、

一組頭明き跡も書面御仕立、福相へ御直ニ御上被下候段奉掛御煩労候、就而海防掛り御徒目付中ニは、御内沙汰ニ就キ、勘左[61]被仰立候よし至極穏当、彼人ならハ応接等も出来可仕、手荒の愚趣意は有ましくと大慶仕候、いつれにも両員相備へ而后、辻[16]は目出度転し、其跡はそろ〳〵内なり一人相こしらへ候て至而穏ニ充実可仕と奉存候、如何

一魯船出没一条、先使御答も申上候後、崎尹申立、司農府達之御写被遣、いさゐ熟読、案外之事ニ相成り申候、御同前に崎尹の取扱面白からす、無闇に打払〳〵と申和魂丈夫ニは相協可申歟、小子抔は後患を醸候取計と奉存候、畢竟肥田かクレサノツトを上陸為致候も伺之上とは不存、全一堺独任之所置は方寸三寸之取計も可有之歟、役々出張も相分り候事、帰帆いたし候も滞船いたすも勝手次第と申義は使節ニ取り嘸々残念ニ存候、不敬と存取候事と奉存候、遣しもの等追掛候而も引留兼、不手際千万ニ御座候、一体崎地は外国応接の地、たとへ通信無之とも此地ニ而厳格ニ押払候時は不得止事、裏門中ノ口丈くゝり、切戸口迄も直訴ニ相成候事は無余儀事ニて、崎地はともかくも外国へ無礼なく国帝の使節は使節丈ニ取計候ハヽ、其他の国々津々浦々江何様申候而も受継不申、崎地江為相廻可申、然ル所、崎尹ニて厳格ニおし払ひ候節は、当方ニては別而取計致兼、当惑此事ニ御座候、大邦帝国の使節船を海上に漂泊為致、百日程も差置候事いかにも不敬ニは無之哉、御同前ニ而も見ず知らずの使者来り候節は門外に為待、返事遣候事は無之、中間使ニ而も門番内腰掛へはあヶ置候て、書簡の来意を聞届と不聞届とは一層別の事ニて、使節は使節丈ニ取計度ものニハ無之哉、四氏発途之向キも途中より帰る事ニは相成ましく、いつを限りと定めかね候而も、崎地に安閑と待居可申、然る上に三五年と待べきよし、ぬらりくらりいたし候挨拶故、直に承伏は致間敷、さし当使節の怨る所は崎尹ニ在之、再渡之セつ、使節四員と談判心に落不申候ハヽ、はしめて執政之御取扱不応存念事と怨一層相まし可申、就而は直に浦港江可参歟、左候ハヽ、却而取押方之一計も可有之哉と、竊に愚考をめくらし罷在候へ共、本国江一旦立戻り、国帝へ奏し、不敬之罪を名といたし、直に大軍艦を相進め可申哉、其時は白旗を振候歟、死力を尽候歟、此二ッにハ不可過、天下之災難之機会仰天歎息之事ニ御座候、崎尹之所置、諸官人賞賛致候哉、夫次第ニて跡々之勘弁も御座候ゆへ相伺度候、

一「関」旅館之事、是は兎も角も取建度ものニ御座候、是さへ出来いたし候得は、腹を据て取計方も有之、人質を取置候へは、大きに事もいたしよく、其事は御同前の腹中なれとも、諸官人出浦ニも差支、かつ組頭明屋敷御座候故、下曾禰出張も事済候へは、同人旅宿は彦根へ渡しニ相成候故、当節無之、弥組頭出来いたし候へは是ニも差支申候、何卒支蔓之論は被差置、御取建之方御体裁宜事多々と奉存候、猶御序御英断御願可被下候、右申上度急キ候故、余は明後日定郵万々可申上候、乱筆御判読可被下候、頓首

十一月十一日　　　　　　　　　　　　　　　　戸田伊豆守　印

井戸石見守様

尚以折角御厭専一と奉存候、今日は砲鋳御下知候て口痛も快然と仕、山々御礼申上候、

一対州も安意之御場所可羨事、貴様も栄遷と被仰下候へ共、御沙汰ニは不相見へ、彼御場所は赤地故何そ御役料増ニも相成候哉と存候、如何、羽龍(78)も弥地中に蟄候哉、当御在府は案外之

御繁用奉察候、陜尹も何か不服の沙汰有之候故、存切候事候哉、夫共内病歟、可憐、六本不定ニ老勢猛烈之よし、穏ならぬ事ニ御座候、急キ申上候間、余は十三日万々と至而麁略御免可被下候、不具

御建白案落手山々奉感謝候、

一不計心付候故申上候、是迄御金相廻候せつ、御証文相願、其節御証文案江何之御入用と申様に巨細ニ認来候共、宿々江何之御入用と相知レ候も不面白哉、是はたた浦賀表御備場御入用金と計りいたし度ものと奉存候、御同案ニ御座候ハヽ、重而之節より御改可被下候、尤、得と御考可被下候、

注

(78) 羽龍　羽田龍助利見。
嘉永三戌八月廿四日　西丸裏門番頭次席勘定吟味役ヨリ佐渡奉行
同六丑四月　佐州へ在勤、於道中越後路不快五月二日為養生帰府
同年十一年十三日　辞

（十一月十二日）

定便内御用状拝啓、寒冷相増候所、倍御勝常被為在奉欣抃候、当鎮無別条御安慮可被下候、

一先格御百ヶ日ニ而鳴物明ヶ之奉書到来之処、此度は御沙汰無之、いまた鳴物明ヶニ不相成候哉、西明神祭礼年故、湯花神楽上ヶ度よし、度々内伺差出候故、さし留置申候、江戸之御様子相伺度、神田明神抔も祭礼流レと相成候事と存候、夫共神事の神楽はよろしきや、いつ頃之停止にや、御様子柄帰便相伺度候、

一同心組頭より別紙之通歎願書さし出候、右は兼々申立置候組屋敷引移之伺中ニて、たた今如何共差図も仕かね、亜船渡来御取計向ヲも不相分、夫に魯船之一件ニて一同気か立困り申候、今更いたし方も無之候へ共、御含ニも可相成候間、別紙御覧ニ入申候、組内之気配御察可被下候、

一田中信吾儀ニつき御相談も申、先日申渡置候処、魯船之沙汰承り、一日も早く引込度趣ニて、御暇伺書さし出し申候、組頭も栄左衛門もいろ／＼申諭候へ共、何分／＼一日も早く引度よし、不忠至極ニ御座候へ共、当春以来是迄引留置候事ニて当惑仕候、如何いたし可然哉御相談申上候、

一同人引込は無是非候へ共、跡地方と申ものニ甚た差支申候、此地方と申もの、以前は御預所五六千石も有之候故、掛りも多く入候得共、当時は千石に不充、掛りも多く候故、相減し可

然ものニ御座候へ共、又々品ニ寄御預所相まし可申も難計、其せつ相まし候事は至而堅く、御預所計り之事ニは無之、既ニ御普請筋目論見もの等、地方ニて取調候故、此節位多端之時せつ無御座、御勘定所御作事小普請を一世帯トいたし其外評議もの等此役所ニていたし候故、減候もいたしかね、組頭引受候へは大ニよろしく御座候へ共、御存之辻ニて夫迄之度量も無御座候、跡に可致人物はキと無御座、是ニは困り申し候、与力共は人気むつかしく、古物のうち一両人奸物有之、人気騒立候事を好み候故、甚たむつかしき事ニ御座候、猶来年御交代のせつ別ニ可申候、いつれとも組頭によき人無之而は整ひ不申候、いろ／＼人気ニさしつかへ困申候、しかし逃足ニ相成候ものいたし方も無之哉ニ存候、如何

一昨十一日御船附諸具御製造被仰付難有大安心大慶不斜、御金下ヶ之事早々申上候間、御承知被下候事と奉存候、大金ニ而差繰もつゝきかね、何分御察可被下候、いかにも日数無之、迚も御船出来迄ニは成就間に合不申と奉存候、

一魯人遣書到着も仕候哉、何と認候義ニや、是は心得之為拝見仕度、宜被仰可被下候、扨此度之取計、長崎ゆへよろしく候へ共、当地抔ニ而古法に因循趣意計申候へは、元より明はなしの海面、直に品川迄乗込、当地のものは船へも乗セ申間敷、遠国の任は当位即妙之計方も可有之哉、就而重而当地江渡来之節、長崎へ可赴との説得は迚も届キ不申、去迚、筑州へ被申立候通り、先方の不礼を浦地に而逃見候ハヽ、直に争乱ニ可相成、夫を又臨機の取計ニて取

押へ置候時は、肝心の表門より内玄関切戸口之方用便と相成、以来異船いよいよ崎地江は参間敷、甚た困り入候事始り申し候、此度之御返翰にも漂民等長崎にては御愛憐可被成との御返事ゆへ、況や国帝の使節は使節丈ヶニ御取計無之候而は、不相当ニ御座候、先方の申分無理とは不被申と存候、公は如何思召候や、崎尹の事、是ニ而御国法通り宜、此上は先方之不法に決し手切レと申所、正法と申衆議ニ御座候や、御様子相伺度、亜船は勿論、魯船当地へ参り居は困り候事故、御様子御伺被下、其上ニて取計方御連名ニて伺度ものニ御座候、若右ニつき、遣書御下ヶも有之思召も御座候ハヽ、帰便元之御草稿拝見いたし度候、崎尹江何とか申分付不申候而ハ、魯人承伏も仕間敷哉、甚心配仕候、快烈林子之建言、誠に感伏仕候、何卒夫丈ヶ之御作法は相立置候得は、来意の取合は跡の事ニ御座候、海軍之御備相立、御待遇之御所置定格御座候へは、外夷諸国何ヶ国より渡来仕候共、可恐事は有御座間敷候、たヽ今は海軍不整、待遇の節不相立、如何共可致之方略答無之、たヽ外人の怒気を避け、御国体を不汚様、平穏ニいたし候処、即今の妙策ニて極めて心得居り申候、如何相伺度候、御徒目付立合申渡等之害、是ニ而御察取可被下候、

一泉侯江毎度被仰立も被下候よし、奉万謝候、彼侯は難有御方ニ御座候、三上侯、此セつ又々御説相変り、西洋砲御嫌ひと相成候御様子、専ら古法御因循と御察申候、此セつ聊為りとも我意我まんを加へ候而ハ乱之基と奉存候、

一組頭一条は御苦心掛、多謝此事御座候、甚左抔は至極之人、いつれなりとも天命次第ニ御座候、

一拝借金も三奉行辞退も無之よし、能こそ拙辞し不申候と存候、無益之謙退悪まれの基、可恐〳〵

一被下金初玉は有之よし、いつれ証文案とか申もの参候事ニヤと存候、新キ与力・同心過人御入人之分上納金有之、いつも在府ニて御金蔵江相納め申候、証文案等は御金蔵同心江御頼有之事と奉存候、右申上度、例之乱雑、早々頓首

十一月十二日　　　　戸田伊豆守　印

井戸石見守様

再伸過日一日好雨其後快晴、今日は終日曇り寒気相覚申し候、御自愛専一と奉祈候、日光尹も急ニハ出勤有之間敷、此人紅葉家、遂に中症発病か可憐〳〵、扨、坂井右近と申もの無余儀事ニて御使番ニ転し、其以来度々咄弁を奮ひ置候処、水筑御先手と同日ニ大坂御目付と相成り、窮家難渋漸相勤、帰府後まつ〳〵御先手と相成り候得とも、同し筋ニて水筑は引つゞき結構、坂井依然如旧、既に三上侯江泣付置候処、遠国奉行之うちならハと被仰候事も有之、是ハ佐州明(79)キ候せつ申上候時之御答也此度もし日光明キもいたし候ハヽ、安心為致度ものニ存候、三上は快烈子息達は格別に御見込居候事ニて、公にも決烈以来之御因縁も御座候間、可相成は折能セつ

御歎願相願度候、六本樹もむつかしき気色ニヤ、可憐事筆下（カ）ニ起候而ハ憮々残念ニ可有之候、監一臈出勤候ヤ、

一下田の事ニつき申上候処、いさゐ被仰下候趣、承知仕候、愚案にハもと浦賀奉行は下田奉行ニて、享保度より浦賀へ引移り、其セつ之御下知状ハ覚書を基本と仕候所、其御文面に下田は相応之場所故、非常之セつ相越可申旨御書載有之、何さま、以前は西国大名を御けんのん故の事ニて、房総両岸は小給所私料ニて大名御渡し無之、里見の古城御取払抔と申御時節之処、近来は外国の船浦賀へ相廻候故、下田へ相越候訳ニは無之、依之、文化度岩本石見守(80)より御下知状ニ触候故、其段伺候所、まつ／＼其まゝニと申事ニて、夫なりニ相成、其後昨年より下田は従来の御代官ニて御警衛と相成り、組之者多人廻船番として出張之事差支無之候ハヽ、仕来之通りと御下知も有之、此セつは御警衛向ハ手を放れ、下田の地所は素り江川支配下ニてたゝ廻船計り之差配ゆへ、当節旧格を追而もはる／＼見廻候程の義は無御座候、勿論地形熟知可致事なから、異船渡来難計折から、同役一人他へ遠出いたして、其頃不計渡来も有之候ハヽ、直ニ狼狽とも可相成歟、かつ内実ニ二包程の物入地形熟覧も可然候へ共、始終駕籠に乗すくみ一覧のひまもなく、申さハ無益、鎌倉・江之嶋一覧も更に慰ニは不相成、案外之土地故、急務とハ難申候間、此節柄之事故、重而在勤之節とか、又ハ帰府掛ヶとか申上置候て、見合候而随分相当と奉存候、是迄最初ニ延し候向も有之、尤拙ハ交代を急キ御進め

申候ニハ無之、益寡して損多く、一在勤御勤之上、様子御勘弁之上ニ候ハヽ、大に御為とも可相成哉ニ存し候、向地巡見は是迄之奉行初発は土岐丹州(81)是人は諸方へ被歩行候而至而手軽之事、其後浅野戊年ニ見廻、此年役々夏巡視有之、秋中書巡見有之、右故翌年拙も巡見いたし度と存候へ共、向地ニ而は余ほとの雑費故、勘弁いたし候所、昨年筑州又々御見廻、当年も泉侯はしめ役々巡見と申場合此迄見廻候、先勤は丹州・中書・筑州計りゆへ、まつ〳〵見合可然事ニヤ、しかし出立前先方差支無之候ハヽ、御用透之節巡見可仕旨之申上置ハ初在勤ニ仕候例ニ御座候、右之次第ニ而もし当節之如く四時渡来難計節は、御用透とも難申、却而江戸より出張は宜敷候へ共、向地より直ニ戻りは渡来中大不弁故、向地之事は拝語迄御見合之積り可然、下田は先々新役見廻候廉ニ相成居候へ共、当節江川引受と相成り、かつ来春抔は平常の年からニも無之故、遠行は見合セ度もの、其うへ御内々之御訳柄相伺候而ハ、遥々御遊行ニ似歩候而ハ、益は寡く哉と存候故、申上候事ニ御座候、昨年筑州へも愚存申遣候へ共、彼人は人の申事を不被用気質ニて、却而向地迄も巡見被致、其うへ物入難渋ゆへ、向地巡見之入用御出方は有間敷哉と相談被申越、実は片腹痛存候、打明ヶ御相談ニ御座候ハヽ、先格は引続キ巡見等有之、下田表は難渋之土地柄ニて、迷惑も仕候趣故、当年は巡見見合重而在勤之節罷越可申哉と申伺ニ御座候へ共、当節は浦賀表異船渡来候程合も相分兼、巡見中渡来ニ差掛候而も不都合故、当年はと申様なる文体ニても可相済歟、差延し之先例は随分有之候、四鎮巡視も案外に掛り先方迷惑候事有之、勘弁ものニ御座候、無益之事は相省キ度もの、当勤意外ニ紙筆蠟燭入用ニて、一ヶ年余ほとの事ニ相成り申し候、蠟燭も数にて相渡候ゆへ、太キニ不及細を不厭、数を揃へされハ渡しかね候故、百文ニ十挺もの八挺ものニては少し過候位、右之品沢山御用意、美濃紙・半紙・程村・西之内筆墨等御仕込候て、是江御家来しかと御取締之もの無之ときハ、莫太ニ相成候、中書勤中、半年ニて程村之代弐十両ニ及候よし、中書より申越候、まさか左様之事はなく、十分二ニも不及候へ共、狼（カ）其尾に乗候故、主人不相識損毛相掛り申し候、御勝手方へ御知行所之もの歟たしかなるもの一人被差置候様可然、乍憚此義は申上置候、猶追々可申上候、早々不具

一掛りニ無之御普請所江奉行組頭折々見廻候セつ、是迄ニ肩衣相用候、筑州は白衣ニて御見廻候よし、組頭も同断、しかし拙は仕来通りニいたし候、これは掛りニ無之共、組頭抔は白衣ニて可然哉、向後の処取極度御相たん申候、不日可被仰下候、

右書添

注

(79) 佐州　佐渡奉行。

(80) 岩本石見守　岩本石見守正倫。
文化四卯六月廿四日　小普請組支配ヨリ浦賀奉行

同八未九月十日　　小姓組番頭格奥勤

(81) 土岐丹州　土岐丹波守頼旨。

天保十五辰二月八日　書院番頭次席、下田奉行ョリ浦賀奉行
弘化二巳三月廿日　大目付
同三午三月廿八日　大番頭
嘉永五子七月八日　留守居
安政二卯八月九日　大目付
同五午五月六日　大番頭

（十一月十六日）

宿継内御用状拝呈、寒冷相増候所、倍御強健仰被為在奉抃賀候、当鎮無異儀先御放念可被下候、

一此度は当職御役高相増(82)御同前に難有仕合、於私大安心仕候、未年以来追々格合も相昇恐入候事、乍去此義は先頃中より申立候事故、別而難有奉存候、御礼勤之所、松十郎江御尋被下被仰下奉万謝候、右之事留守宅江申遣度、乍憚別封御達奉希候、

一四鎮(83)も大禄之向と御引替、是ニ而は、御警衛も可相立哉と大慶不斜候、右ニ付而は、此度は

未年と違ひ、四家不残相替り候故、達等甚手数ニ可相成と存居候、熊本は先年五十間程之大船自造ニ而御察度も有之かと覚へ、阿蘇山の大木を伐出し候てリーニーの数艘は物かハ、長州も富国何ニ為致、浦港之四鎮ハ海軍専らならされは鎮護とは相成かね、追々家来相伺ひ可申、夫ら之御説得専一と乍憚奉祈候、

一本牧因州(84)も臨時出張のみにや、是も台場向出来候や、右は向地北条陣屋へ里数格別遠近無之、浦賀奉行より通達場ニ相成候哉相伺度、是も可相成は達之場といたし度ものニ御座候、御工夫可被下候、俗に申、逃足は頼むにたらす、かく相成候うへは、早々引渡入替有之候様いたし度、御周旋可被下候、

一品川台場御据筒も玉薬もソツクリ御渡しと申事と被察候、左候ハヽ、四鎮の鉄砲も其まゝ置附ニ相成候事と奉存候、然るうへハ兼而彦根より戻り可申御鉄砲、此機会ニ引受申度候、如何

一品川は西洋風御台場之よし、実用と相成候と奉存候、然る処、当地は古風之むき出し台場、高みより石を桶へ投たる如き造りかたニて、実用ニは相成ましく、是も御築直したく候や、

一体内海江川引受ニ候ハヽ、外海は下曾称へ御台場奉行被仰付候様いたし度もの、如何

一是迄之四家ニ而も、右家来共へ対し御役所之ケチなる事御威光を損候、然ル所此度西国大名之事故、内々之御外聞も有之、非常は勿論、何卒早々御役所引移し立かへ申度候、尤、先日

之調ニてはいまた御手厚とも不被申、しかし唯今よりハ相まさり候事故、御下知出候様いたし度、御勘弁可被下候、

一亜之御取計振、早々相伺不申候而は、兎ニも角ニも一混さつ出来可仕と心配いたし候、館舎も如何ニ相成候哉、定便帰浦相待申し候、右申上度、自是は猶御文通も相嵩可申哉と当惑仕候、早々頓首

十一月十六日　　戸田伊豆守　印

井戸石見守様

再白時下御厭専一と奉祈候、まつハ御足高相増、是ニ而は公も何分御逃も被成兼候事と大安心不過之候、何卒事成就まて御見捨被下間敷候、千五百俵皆米取越と相成候間、出立は差支不申、其段は御安心ニ御座候、拙義も大安心仕候、何か肩身広く相成候様ニ覚へ申候、諸太夫場と先年被仰付候セつも、既に任官済の跡、此度の事等も過損も無之、猶此うへ公にも御手当之処、先頃申立通ニ相成候得は、実に大安堵之事ニ御座候、御地此節之御多事想像仕候、不具

注

(82) 当職御役高相増　嘉永六丑十一月十四日、浦賀奉行向後場所高二千石、御役知是迄の通り『通航一覧続輯付録巻九』。

(83) 四鎮　嘉永六丑十一月十四日に、相模警備は彦根藩・川越藩に代わり萩藩・熊本藩の担当、房総警備は

会津藩・忍藩に代わり柳川藩・岡山藩の担当となる。
(84) 本牧因州　嘉永六丑十一月十四日、鳥取藩主池田相模守に本牧の警備を命ず。

（十一月廿二日）

定便内御用状拝呈、向寒之砌倍御荘猛被為渉奉抃喜候、当鎮静妥御降軫可被下候、
一県令持御米蔵場所替云云、是は是非共左様有度事、既に嘉兵衛手附出張いたし、地方之者立合場所見分いたし候所、先日組屋敷場所替之地所、字洞井戸と申所、まつ宜所との見込故、当方は外場所見直可申、海岸近に無之候而は彼方は差支可申、其儀は掛念無之、宜と存候場所見立候様申聞置候、就而は御役所も塞柵構ニも相成都合宜敷所、是彼合考可仕旨被仰下、至極御尤ニ御座候、たゝし何分場所も無之、余り大かゝり故、唯今申立候而も却而届申間敷、一体は右塞柵構中に御米倉有之候得は相当ニ御座候へ共、夫程迄之事ニハ至り兼可申、依之愚考いたし候所、先日伺候御役所地所は、左右山間にて表かゝり面白からす、組屋敷引可申と存候場所に、前に川有之候而、地所も手広ニ出来可致、これ江土手築キ、門外江調練場を取引下り候而取建候得は、見附要害ニも可相成と存候、御建物等は都而先日伺之通り地所引

ならし四方小土手築方等、千両迄は御入用相掛り不申と存候、右は嘉兵衛方伺ニ弥相成候ハヽ、組屋敷地所も伺直し可申、其節巨細取調相伺可申候、

一亜船鉄張厚薄之所御問合承知、右は厚サ弐分位に見受、銅瓦《カハラ》を葺候様に船江張付候もののよしニ御座候、此度御出来之御軍艦は浮囲船火除之為メ、水入分銅を張り申し候、丁度其張かたを上迄惣体鉄にて張重ね候義ニ有之候、当夏渡来将官之船は鉄ニ似たる塗もの、外に一艘の蒸気船前書之仕立ニ有之候、尤、将官船中も階子其外鉄之ように御座候、小船のうちにも鉄にて包み候もの、御座候よし

一惣体真の鉄の船も有之よし、是は船中江空気を取り不沈様いたし候もののよし、空気を取候へは銭一文と羽毛と同しくなり候もののよし、

一塩飽水主粮米之事御答妙ニ感伏、此粮米は異船渡来中兵粮焚出し被下候先蹤有之、名目日当は有之候、如何、拙見込は、非常之節之兵粮は是迄渡来中之振合、平生は白米六合塩菜一ヶ月何程五百文宛かと申渡方といたし、其中寝ず番夜扶持何人分月ニ何度調練、并に帆走稽古之せつは、別段一人扶持増抔と申訳ニいたし度、御軍艦出来ニ而ハ、一ヶ年一世帯之雑費は相掛り申候、此御出方等、今彼是申候而ハ出来ぬ相談故、跡へ廻し、かつ爰に一手段御座候ハ、町人之献金弐千両有之、明神崎御台場御入用御下ヶ故、此分ソツクリ有之候、いまハ計局も混さつ故、気カ附申間敷、此間中も是を種といたし差操り候故、今はいたし兼候得共、

来春は此弐千を一割御借附に取計、利金弐百両を以て右等之賄ひ、組内稽古等をも可為致と心組候、御含置可被下候、

一鳴物明キ之義、いさゐ承知、安心仕候、

一異変之節、彦藩士着は鎌倉地方へ立退云云、いまた伝聞は不仕候得共、外に手段は有間敷、当地抔は最寄山林へ立退候外有之間敷候、就而組屋敷中は銘々火薬少々宛有之、失火之節火消も恐れ近付不申、以前一回類焼も有之、依之此度も一纏めは不要害故、少々宛分離いたし候方可然と評議も仕居候、

一魯船一条御細示、都而御同案ニ御座候、

一十四日之儀は永世之義ニ而扨々難有安心仕候、四鎮役（カ）替も追々御厳正ニ可相成と難有、細川之見込は承知、いさゐ別冊ニて御承知可被下候、五鎮（85）之内鳥取は必怠情なるべしと遥察仕候、如何

是迄定便之御受、五嶋御届弐（カ）通拝見難有、此義は末条ニ可申上候、

一十九日宿継御内状両度拝見、伊勢守殿御直渡し御書付被遣、いさゐ貴諭之趣得と勘弁仕候所、中立も相貫キ、組頭も出来、計局掛りも被仰渡ニ可相成、監察出張、其節支配向附添と申事迄一々承伏、聊異存無御座、かつ応接御掛念并浮説御取用ひ無之と迄事を分たる御教諭ニて、扨々感銘仕候、就而別紙勘弁之下案差上申候間、是は聊も御斟酌なく御加刪相願候、こゝに

一ッ申上候ハ、何分外人之情意御存無之候故、其子細申上候、迚も御腹ニは落申さす、却而是迄何か応接ニ子細も有之哉と御掛念も御座候而ハ不宜候故、御見込御下知之通被仰渡候方可然と奉存候、爰ニて彼是申上候ハ必悪敷と奉存候、外之事ニは無之候得共、異人中へ立入り、応対中もまつ笑ひおり、向ふをは一呑と申気配にて、差支候せつは余談へ移し、又ハ分らぬ振ニて機をかへ候抔、これ応接の妙用にて、立合等之義を申而も通しハ不致、乗組之人之身柄と最初に相尋ね、応接之者より身分重きものニ候得は夫江取て掛り、其他へハ見向キも不致、つまり与力と徒目付との立合ニては、徒目引受之応対ニ可相成、夫レに最初乗入将官、部屋へ通り候得は、跡入口戸切り、外江鉄砲之者勤番いたし出入不相成、扨将官自身酒をつき為呑候而、夫より談ニ相成、其せつひけ候而ハ不相成、平気に酒も呑、段々談しニ相成候訳、彼方は将官之身分、異人は座し不申、廻りに立塞り、腰に短筒を着ヶ、右手は右腰を不放と申場合、爰に於て御国法を申渡し、類船之有無・船号・乗組人数并に滞船中之御規定為申聞候而も、其義は返答も不致、先方之申分を申達候心得ニ有之、主客之勢ひ更ニ相返候事ニ在之、皇国にて監察方立合等ニ相成候へは、其来るに当テは、都而御規定ニ不触様に申、厳密ニいたし、謹慎其命令を用ひ、御威光を以て進退いたし候故、十五俵之御小人目付も人々畏服いたし候へ共、外人は左様ニは参らす、応接之地に無之官人立合かね候ゆへ、下吏出張いたし候事ニて、立合抔と廉立候て遂には応接之地ニ相成可申、将官部屋へ通り候共、先方は下官之者ゆへ重くは不致、かつ酒をも為呑候節、呑てハ悪敷、呑されは廉立可申、其うへ御国法申渡奉畏承服抔と申ハ漂流船・鯨漁船の類、軍艦数艘渡来抔ニ而ハとふして御国法申渡し、滞船為致、慎居候訳ニは無之、尤是は此度之亜米利加ニて申上候、イキリスニては是迄ハ幾人もあけ候得共、不作法至極の喧嘩買ニ有之、是は甚た迷惑もの、御徒目付の耳を後から引、御小人目付の寸法を後ろよりとり、やゝもすれハ刀をとりて持行、抜て見たり、失敬至極、是ニもむつかし発り可申、迚も異船の取計ひ江戸にて御注文通りニは不相成候故、此度の御主法に相成居候得は、外之聞へもよろしく、つまりは立合も応接も一くるみ之別格ものニ御座候、かつ渡来いたし、江戸より立合の参るまて慎みては居不申、直に内海見物なとゝ出掛ヶ可申故、捨置訳ニは不相成候故、書面之通り一応は申上置候方と奉存候、得と御考被下、久里浜異人の体御想像、あの中へ一人乗入候気分御汲分可被下候、何程の才気ニても、はしめてニては取計も出来申間敷、御徒目付ニても、畑藤三郎抔は乗組存居候事ニて、勿論其頃の渡来とは追々様子も違ひ可申、詰る所は与力の応接身軽ゆへ、彼是と申もの立合ニ可相成、畑藤抔も元は与力支配組頭ニ可相成ものも、元は軽キ人、これを用ゆる時は重くなり、不用時は軽くもなり候、扨は事馴たる香山の如キものを一格進めたる方御用弁とも可相成候、但し浮説(47)後間もなき事故、此処にて別人の支配組頭出来、辻を引かへ香山を引揚ヶ候方、万全之良法かと奉存候、如何思召候哉、尊慮御腹蔵なく相伺度候、右等之意味合は何ほと御口頭御尽御座候共、御覚書の趣ニては御会得も有ましく、強而被仰候ハ御疑念生し可申候故、こゝはすらりと早く相済候様いたし度ものニ御座候、たた恐るゝ処は亜の両渡、魯の発向、外にハ英・仏二国ニて、其他は子細有ましく、況や熊本の見込通りニて、四鎮厳格と相成候ハヽ、其時は御国法をも申諭し方出来、御国威も相立可申候、此セつは至而むつかしき時ニ御座候、如何、何もかも今少し之所と存居候、

一魯人遣《(カ)》書類三冊御下ヶ御廻し被下、竹七江御内談之事まて御認取詳悉、海岳御礼申上候、四官人之淹滞、気之毒至極、福相御内含迄相伺候得は大ニ安心仕、扨は当浦へ参候様なる不作略ニは相成ましく候、書翰中ヱトロフ一条は甚た難事と存候、

一亜船一条秘中之秘ハ、別封具に拝展謹承仕り候、これか洩候而人気の弛みに相成候と申は、少し見当違ひ不申哉、何とそ政府ニ而御心弛無之、此節之如く六七年前ヨり之事と申候御苦心も御座候ハヽ、唯今如此の狼狽ニは相成ましく、就而は亜の御取計も多分は魯の類ニ可相成候得共、決而御洩しは無之、渡来のうへ出張御目付御返翰持参抔と申場合ニて、夫さへ鍔際迄は御洩し無之事と奉存候、是も可然御作略なから御同前丈ヶは極ミつ被仰含候方御為ニは無御座候哉、渡来之せつ早速御返翰の有無相尋可申、応接のもの、その義は不存、江戸より役人出張のうへ沙汰可致間、扣居候様申候而ハ承知不致、其位の事は様子存しおり可申、夫さへ不存候ハヽ、相手ニハ致すましくと、直に江戸海へ乗込可申候、夫にて彼是もつれ候而

も、来意通り御聞届ニ相成候ハヽ、笑て引取候得共、迚も左様ニは不相成と察候ゆへ、さし縺、遂には無余儀御承知ニも相成候而ハ、畏服いたし候訳ニて御外聞不宜、たとへ御聞届は無之とも、国王より之書翰は矢張国王之御返翰有之、被下物も有之、尤、御書中ハ其訳御認有之とも、かの方献貢物持参無之候ハヽ、差遣し候ニ及不申、夫ハ引かへもの、執政ハ執政の御返翰有之可然、文中、申込之事は三五年ハ延し候とも夫は思召次第、御返翰は不被遣候ハヽ、不敬を咎め承知不致と存候、もしまた御国事ハ多端ニて被遣かね候ハヽ、夫もよろしく候へ共、いつ御返翰被遣候と申事、執政衆より御断無之候而ハ承知仕ましく候、此義甚た心配いたし候、扨互市等の事ハ御聞済無之歟、又ハ追而御聞済候歟、是等もしかといたし候事を極内々奉行丈ヶは為御知相願度ものニ御座候、有無に不拘、其処相分り候得は、渡来のせつ異人を取鎮め方ハ可有之、一向何もかも為御知不被下候而ハ、直に夫ニてゴチ〳〵いたし可申と存居候、〇亜の秘事他ニ不洩様云云、并に魯人怒而帰帆等、是彼合考仕候得は、亜のかたも平穏ニ相返無之、夫ゆへに今更御洩被成兼候事と存候、魯書は諸向不存候ゆへ、人口悄々然たる事、亜のかたハ書翰博く御下ヶゆへ、天下一般彼是の建言有之、打払〳〵と申故、今更御困りものと存候、畢竟書翰を広く御下ヶは御失策にて、政府の御見識立かね候事と心痛仕候、

一監察三名達し一覧、右は明神崎にハ不相当にて、これハ砲門無之御台場、長大之カノン筒な

らてハ御備ニ相成かね申候、勿論五十封度モルチル筒弐挺相まし候へは、亀甲・見魚ニハ極よろしく候故、相廻候様いたし度、高田隠居筒(86)先年当方ニて打様し之せつ一覧仕候、モルチール一挺は疵有之候、献上筒ハ無疵之かたと奉存候、明神崎江は大坂廻り出来かね候て、別に御鋳立可申上候、いつれ亀甲御下知をまち居申候、右三挺ハ何に為致、廻候様相願候、畢竟海岸台場に面白からぬ故に、品川を被省候事と存候、如何

一御軍船の銘御関船に有之候よし、併し御船手にて違論無之候ハヽ、相済可申、彫物に取かゝり候而も間違ニハ相成ましくヤ、相伺度候、掛り増人如何ニ可有之哉、五挺仕越候もの何分相願申候、

一御軍艦中金ハ新鋳前借共早速御受取被成下、御骨折山々推察、金ハ苦心故手筈相届、御礼申尽かね候、いさゐ別紙ニ申上候通りニて、夫々取掛候得共、たた小筒職人差支ニは殆と当惑仕候、御下知有無難計候ゆへ、前金渡し足留の場合ニも不相成、是ハ迚も外一同と取揃ニは相成ましくと奉存候、御察可被下候、

一四鎮外藩之大家と相成候而ハ、非常異変はさし置候而、何分〳〵御役所此まゝニては相成かね候、是も此機会ニ相済候様、御序に福相へ御歎可被下候、此度御役高の相増候ハ難有事ニ御座候共、実は五千以上の身柄ニ無之てハ行届不申、能々御察被仰可被下候、

一魯の蒸気船ニつき疑念の事先日申上候処、此度いさゐ相伺、御端書之御懇言深く恐悚仕候、

公より先日四艘共、此節ハ揃居候段被仰下、其後崎地より薄々承り候所、弥難船のよし、また十月七日頃までは帰船無之、溺死人をも見掛候よし抔、たしかに承り候所、此度崎尹御届ニて、四艘共出帆云云と有之、甚だ疑を生し申候、尤、極秘候と申事故、崎尹よりして秘して不申上候哉、また去月中旬ニいたり、無難ニて渡来、かの難船は別事ニや、五嶋両通之届も甚た疑敷事ニ御座候、是は当かたの秘中之秘ゆへ、深く御心中ニ御籠置、御他言被下ましく、当かた通詞迚も、最初は少し之風聞申候へ共、尓来は崎地の事一向不存と申居候、何か秘す事有之哉と察し申候、幸に四五百里先故、とうとも相成り可申、浦港抔にては小事をも包まれ不申、夫ゆへ疑ひの余り、公御存か又ハ御存無之哉と、しハしハ奉伺候事ニ御座候、此義ハ追而拝眉に万々可申上候、何か子細有そうに御座候、所謂疑心生闇気候にや、此事は是迄也、ゆめ〳〵御洩し被下間しく候、

一田信事は、迚も当人の内存脈切候ゆへ、得と勘弁仕候而、追々御相だん可申上候、

右申上度、乍例忽卒繚草、御推覧可被下候、頓首

十一月廿二日　　戸田伊豆守　印

井戸石見守様

再伸寒威次第相加候、御自保専一と奉祈候、御病人様多被為在候由、御配慮之儀と奉察候、当年分千石一度に御落手ニ相成候哉、又ハ今年は半分にヤ、御案し申上候、

一田信書面、同心組頭書面共落手仕候、
一猪三郎へ御附属之万二筆録(87)難有、外よりも手ニ入候処、少々ツヽ異同有之、少々拝借仕度候、右は計局ニて巨細之尋も可有之、亜人之様子御聞込ニも相成候ハヽ、拙等之申処符合の事多く、大慶仕候、万二郎事ハ御普請役へ被召出候内風聞仕候ハ実事ニ候哉、
一老公火輪船御受合之よし、重畳ニ御座候、諸方ニて何ほと急キ候共、当方早く出来ニ可相成と存居候、
一故古先醒之論拝見難有、いまた一見不仕、行文之間、句々的々確乎不可抜、果して打払を唱るものは真の勇武に無之、拙等の建言ハヽ、若先生をして世に在らしめ候ハヽ、其経画周密を加るとヤ申されん歟、またハ夫差王陵の徒と可被申ヤ、如何、漢宋の君子多キには弱り申候、
一御代替り誓詞被為済、御縁組願も相済、重畳目出度、御歓として賀儀を可呈事なから、御同僚限りは何もかも左様なる事は御互に仕間敷、左様思召可被下候、
一拙ハ手当の証文裏書之儀、私事ニて恐入候得共、何分御序に御達し被成下、裏印出来候ハヽ、留守家来へ御達可被下候、明廿三日ハ国家の盛典、嘸かしと想像、拙不幸にして与らす、残念千万ニ御座候、此せつ日々御登営御苦身奉深察候、京は岡部(88)の沙汰有之よし、失望ニ御座候、如何ニ候哉、佐尹は金井(89)必死かと察し申候、池筑(90)驚入申候、跡はまつ是限りにや、御様子相伺度く、いつれも御大礼後ならては除目有ましくと存候、早々不具

御軍艦并見魚崎出来形模様左之通り、
一御軍艦之方御船形大概出来、上之段粱不残入申候、水入銅打建、化粧板不残打仕舞候得は、
一旦水卸しいたし可申、十四五日ニ而は水おろしと可相成候、
一右水おろし之うへ、中段ニ部屋〳〵取建、台所・会食所・湯遣ひ所・便所取建、内造作ニ相成、船中へ足場掛ヶ、帆柱立申候、此義、陸ニ而取建候得は、水おろし致兼候故、水上ニ而取立申候、
一右御船皆出来之上、塗ニ取掛り、干揚候手間、天気都合ニ而見留出来かね、一体御軍艦御開創之義故、職方江も厳敷申諭、可相成丈ヶ為働、御立派ニ仕候積り、左も無御座候而は、御武威も輝キ不申、諸道具等も御入用之内品々差操、一艘丈ヶ之全備を入御覧度と存居候、
一右出来之上、帆走方等調練相整不申候うちハ、出来栄申上間敷と存居候、暮より早春は、少々之内手引ニも可相成哉、水上と相成候而は、雨天差支も可有之、正月中ならては皆出来仕間敷候、
一日吉丸・千里丸御代船之方は一艘皆出来ニ而明廿三日水卸し、向地辺迄乗試候積り、尤、此度は鎗出し帆等も相用申候、一艘は七分通り出来、来月ニは皆出来可仕候、
一右御船屋は皆出来ニ相成候、

一ハッテイラ弐艘出来、当節三艘め六七分通り出来、
一御船附御鉄砲之銅錫類は悉相集、此程御下知済ニ付、弐手ニ相分ヶ為取掛申候、当地職方之分は、去ル十八日より取掛り、当月中一挺鋳込ニ可相成、江戸表職方之分は、昨廿一日到着ニつき、是より取掛り可申、車台之方も職方到着故取掛りニ可相成候、しかしたた困候はケヘール職人ニ而兼而申付候者も追々御下知無御座候故、諸方之小筒受負いたし、此節諸家之あつらへ、直段ニ不構申付候故、江戸表ニ一人も請負候者無之、何と申付候而も御用達ニは無之、何分いたし方無之、去迚元直段も御座候故、格外之注文はいたし兼、無余儀京都浅野中書方へ申遣し、京都并堺辺より職人四五人呼下し之事申遣候得共、いまた返詞無之、再応申遣候へ共何共難計、是ニは甚た当惑仕候、御察被成下、伊勢守殿江宜様御執成相願候、世上一時之注文驚目之事ニ御座候、
一見魚崎御台場之義は、寒天ニ而も手引不仕、追々山切下ヶ七八分出来、詰所人足寄場等地ならし出来、右は年内ニは片付可申候、たたし火薬倉は塗土乾キ兼可申故、皆出来申上ハ春ニ相成可申候、右切出し土取片付ニ近々相成り申候、此節先達而相伺候亀甲岸御台場模様替御下知ニ相成候得は、埋立右御入用無御座、都合宜候、是又御下知相後レ候得は、埋立土別廉御入用相増候、此義も程能被仰上可被申下候、
一此度四家引替り(83)御手厚ニ可相成候、誠難有奉存候、此程熊本家来内々場所見分いたし、組

注

内江罷越候節、見込為承候所、早速国元より二軍呼寄候よし、此一軍と申ハ一万人程之由、大筒も直ニ三拾挺新鋳申付候、内猿嶋(91)も三拾挺ニ引直し、野嶋江新規拾挺、猿嶋より内手江隠し台場六挺仕立候積り、蒸気船も得と相糺し、拾艘拵え、国元より参勤交代もいたし、浦地之御警衛には海軍一隊取揃候存寄之よし、右一隊と申ハ、大船拾弐艘組合セ候事ニ而熊本一家右之振合ニ而は、長州初め其他も海軍相整ひ可申、如斯勢ひニ無之候而は、江府海門之御備ニは相成不申、右等ニつき候而も、公辺之御沙汰ニ無之候而は行届兼可申、近日役人表立候役所江罷出候節、可成丈ヶ大砲沢山鋳立候様沙汰いたし呉候様、組内江内頼仕候故、参り次第得と談判可致と奉存候、若其御役所江罷出候ハヽ、前書之義は内聞之事故、御存無之御積りを以て、砲船全備之事は被仰含候様いたし度候、漸御備相立、皇国之盛典古代之武ニ立戻り可申と愉快不過之、拙者も気力相増し、歯痛も相忘れ、雀踊仕候、是等も伊勢守殿江程能被仰上候方と奉存候、右ニ付候而は、今般之御軍艦いかにも少サく残念至極、たゝ具観而微と可申候、引続三十弐三間之大船フレカット一艘は、浦地之官物ニ御備ニ置候様仕度、外ハ藩へ之御外聞ニも相成可申哉、宜御勘考被仰上可被下候、右は余事ニも及候へ共、熊本之気配可歓事ニて、古風依然と相残候名家、感歎仕候事ニ御座候、

(85) 五鎮　(83) と (84) の五家。
(86) 高田隠居筒　嘉永六丑九月二日、高田藩主榊原政恆大砲献納ヲ賞ス『維新史料綱要巻一』
(87) 万二筆録　ジョン万次郎筆録(参考)『幕末外国関係文書巻之三ノ五十』勘定奉行下役中浜万次郎尋問の件上申書
(88) 岡部　岡部備後守豊常。
嘉永六丑十二月廿六日　禁裏附ヨリ京都町奉行
安政六未二月十三日　鎗奉行
(89) 金井　金井伊太夫。
嘉永六丑九月廿七日　西丸納戸頭ヨリ納戸頭
同年十二月十六日　二丸留守居
(90) 池筑　池田筑後守長溥。
弘化三午十一月廿九日　作事奉行ヨリ大目付
嘉永六丑十一月十日　卒
(91) 猿島　地図参照

(十二月二日)

定便内御用状拝呈、向寒之砌、倍御清福被為渉、奉抃喜候、当鎮無異静妥御安慮可被下候、

一此程は御盛礼、無御滞被為済、御同前ニ恐悦至極奉存候、本日快晴、柳営之壮観嘸かしと想

像仕候、日々御出仕御繁務奉察候、
一去廿四日附御内状并長崎一条摘要一冊被遣拝展、一々熟読含味仕候処、筑州江御内談并に十二日出、二度めカヒタン受書和解は不相見候故、何等之申含ニ候哉難計、殆当惑仕候、此一事相分り不申候而ハ肝要を欠候故、早々御下ヶ御願可被仰下候、右は愚案仕候処、アメリカハ何分御心解ヶ無之、御返事御差延し可被成との御見込ニて、筑後へ取計かた御任セ被成候処、夫に引かへ魯のかたへは使節被遣御返翰出候故、前後行違の御所置と被存、四員到着をもおしかくし置候処、御返翰御案等又々一見被致、余り御平穏と被存、左候而ハ亜之かた江之説得と齟齬いたし候故、対談方は筑州等之間違ニ御取計御座候様ニと被申立候義と承知仕候、たとへ間違ニ相成り候共不相成候共、其結局は当尹之職務故、長崎ニて之其対談方存し不申候而ハ行届不申候故、其味意《マヽ》、まつ得と御承知可被下候、
（上欄注）此意味合は筑州の持前ニ而、中々人の申事を不被用気性、何共面白からぬ事ニ御座候、
一当夏渡来後御失策、乍恐二ヶ条ニて渡来の書翰を広く衆人江御示と申は如何之思召ニ候哉、為其、政府有之候所を、国之大事ニ到候而、広く衆論を御尋と申は、外に例も無之御取計故、種々皇国魂を以て建言いたし、其実は御警備無之故、内心とうハべとハ大に齟齬可仕、自分之持場ニ無之ものは強テ事のミ申次第、其他は唐人〳〵と唱候酔生夢死之輩、これらの了簡御尋ハ何之御用ニ可相成哉、上書盛ニ相成り、却而今更弱々敷、来意御聞届とも相成かね、

アメリカ之事は市童之もの迄彼是と申候ハ、畢竟書翰諸方へ御洩らし之故ニ御座候、魯のかたハ御示し無之故、何を申来候哉、何と御返事出候哉、誰も不存候、唯今亜之方御決之事難被仰出は、余り世間騒敷故ニて、御失策の一ニ御座候、其次は蘭人江被仰遣候事、御外聞之上ぬりと此位残念なる事無之、左程思召候ハヽ、昨年カヒタン交代ニて申上候節、乍ち被仰含方も可有之候処、浦賀奉行江は夫をも御隠し被成申、当二月之伺をも御下知無之、夫ニ而ハ御出立も出来かね候段申上候得共、伊勢殿・但馬殿(92)共、決而当年は異船参らすと御見切りニて何共いたし方無之、然ル所六月亜船渡来となり、遂に書翰も御受取となり、去年さへ御打捨之蘭人江何と被仰遣候哉、別段御申付有之義は策に窮し、今更ヶ間敷人頼み、嘸々外人誹謗可仕、都而少事も風説書にいたし諸国へ広メ候事故、天下へハット可致と、御国家之御政事種々ニ変動、何とも歎ヶ敷次第、御失策の二ッ御座候、蘭人抔、魯・亜ともに目下に見下し候事ゆへ、此仲人は害ともなれ、益ニは成ましく候、よしや整候共、人の御蔭ニて一寸遁れにて候ハすや、

一応接立合等之義ニ付、廿六日見込書御進呈被成下難有、下案多く其儘御用ニ而恐縮仕候、就而此義は事を分候は、御下知之事又更ニ彼是申上候而ハ、弥御疑念を醸候事故、すらりと此所は御内命に従ひ候方、後難も有間敷と奉存候、乍去余ほとの以前御文通之せつ、亜船之御見込所ニ(マヽ)て被仰下候節、異船渡来利解之いたし方は、幾等も可有之哉と被仰下、かつ秘中之

秘拙か疑惑を蒙候事まて被仰下候ゆへ、黙々打過候得共、追々御発途ニも近キ候ニは、種々応接方等之被仰含も可有之、其節之御腹合ニも可相成、一体異人之情態をも申上度、何分筆上ニ而は尽兼候間、香山栄左衛門江申付、同人明三日爰元出立為致、四日御地江着為仕、いさゐ同人より拙意為申上候間、得と御尋被下候様仕度、貴地肉食をはしめ末々迄、何分了解いたし兼候時節、このまゝにては争乱狼狽乍ちと存候而心配仕、実に御大事之御時節故、右之通取計申候、当時組頭は御承知之人物、其外組内も皆掛念いたし候もの無之、応接掛りも名のミに有之、まさかの時用立候ものハ香栄一人ニ限り、同人義も身命を抛ち相働き候心得故、実は心腹を打明し同人も所存之有丈ヶを申聞、頼母敷ものニ相違無之、追々之御文通、此セつは大概拙意御承知被下候事と安心は仕候へ共、いまた筆上は徹底ニ不到、たとへ御差図ニても見留附不申候儀は宜とハ難申上、勿論御所置之御模様相分り候ハヽ、拙義も腹ニかへ天下之争乱ニは不仕候積りニ内実決心仕候へ共、万事御取隠し被下候上の思召ニては、一命も捨かね、然ル上は御徒目付なり御小人目付也、被仰付次第、異船へ乗込、十分ニ御国法相諭し、騒乱となり候共、夫は是非なく、尤、左ニ而は拙ニは一命も捨かね候、此程御内状御秘事之事も、栄左一人江極ミつ為申聞置候、是は如何と可思召歟、なれとも何程智慮御座候共、奉行は異船へ乗込かね、詰る所は応接通詞合セて六寸の舌頭ニ御座候事故、予め勘弁為致置不申候而は相成かね、無余儀次第御察し可被下候、一右之通り為申聞候得共、御同前より独名申立、組頭補欠之は不申聞候、たた応接は組頭持、夫ニ就明跡補入可然人物御見立被仰付候様とは申立候段は、極内申聞置候間、独名申立等は栄左衛門江極秘ニ相願申候、もし〳〵御家臣等内々存知候もの御座候は、堅く御口留相願申候、先日も申上候通り、これを用ひ候へは、浦賀与力之畑藤も立合之監察と相成り、不用は香栄も与力を不免、詰りは同人組頭介とか勤方とか御取立之方、一番御用弁御為と被存候、しかし爰ニてこれを申候へは、衆論の口も未乾き不申、たゝ一人江偏跛之論ニ可相成、新組頭出来後、辻を転迂、而して后香栄に移り候ハヽ、全備可仕と存居候、公にも無程御在勤ニ相成、隊中之人物御見分ケも可有之、其節は思召当り可申、かつ御発途前被仰含等之節并御在勤中之御腹合ニも可相成と、此度御用多中差操さし出候故、得と御尋可被下候、

一亜使は偽書を持参いたし候抔之斎東語も被行て無是非次第、是と申も、書翰を博く御示し之余毒ニ有之候、乍去統領の国章を捧け、前以蘭人江通達も有之、偽るに其道を以ていたし候故、君子は証とは致間敷候、右等之空論并に御帰府後の光景共、具に承知仕、万々恐察仕候、こゝにて御同前にいれ出し候而は、実に御為ニ不相成、何とも人は申さハ申セ、御鈍着被下間敷、拙は最初より見込申立候事ハ、聖人亦出るも我言をかへすと独断、御一笑可被下候、独名申立之人、大森一条申立は気力も相見へ、大慶仕候、乍去、此気力は未たしとも可申歟、何レニも案外之事、大に力ニ相成可申候、

一御附言、模範両面スリ合セは、此度当かたも矢張伺様有之、カサね鋳形は釣かねなとに用ひ候、モルチール筒は右之作法ニて鋳込候へ共、長キものはスリ合セニて竪ニいたし、上よりつき込候方宜と申事ニ御座候、是は湯のワき加減計りニて、鋳込之湯太くてもスが立、細くては廻らず、是計り習練と申事に御座候、

一又亜之事ニ及候、亜之御取拵、此方より伺之ヶ条、進呈は如何可有之哉との御義、何様御尤ニて平穏ニ為致、何に為致取計方御下知之上、ケ条伺いたし候而順当ニ御座候、乍去いつまでも御差図無之時は、如何いたし可申哉、本牧見物、ソリヤアと申騒キにて、何の訳もなくズル〳〵と来意御承知と相成候而は、いかにも外国へ御失体には無之哉、御返翰も被遣、閣老之御返翰も被遣、男らしく相談、不承知とか、又ハ承知いたしたれとも来年よりとか、来々年よりとか御答有之よさそうなもの、此度魯人之御返翰に、三五年と申文字ハ、唐人文法にも可有之候得共、ナマガミの魯人は何と解し候哉、いつと申取極り無之、屹度承知は致間敷、此所か、此度四員の腹一ッにてスラリと相済可申、少し之事にて外人は疑念生し、承伏致間敷、亜之方も御返翰御さし出しかね候ハヽ、来年とか、いつとか御返翰被遣候段、閣老衆より屹度御返事無之候而ハ、決而承知不致候、これかもつれの糸口ニて、拵ものニては行届間敷と申、筑州之文上も此所は闇合仕候、

一四鎮いつれも尊館へハ御吹聴として使者さし越候哉、拙方江鳥取よりは奉札知らセ、岡山よ

りは使者にて吹聴以来頼候よし計申越、其余三家は、先日迄何之沙汰も無之、早速使者をも可差越処、余り等閑ニは無之哉、向後達方等、右体之様子ニては、奉行差配は受申間敷哉、此段内史へなりとも被仰談、新四鎮江都而御固筋之事、浦賀奉行之談受候様、被仰達候様御願可被下候、

一魯蒸気秘聞申上候処、又々便り有之、十月十五日帰帆いたし、先頃の船は別船なるへしと申越候故、拙之疑念氷解仕候、如何之儀申上候段、御仁免可被下候、たゝ〳〵不思議は蒸気帰船は十五日、四艘出帆は廿日と申こし候へ共、是は書損ニ可有之候、右一事ハすへて水と被遊可被下候、

一干鰯一件ニて双方理解も有之よし、是は何分夫ニては済申間敷候、江戸干鰯屋共甚た如何敷、房総州何国〳〵の郡は仕入不相成、ドコ〳〵の郡は勝手次第と申事、此差ゆるし候郡内ハ一切廻船へ干鰯出申さぬ所故、表向はおとなしく相聞へ、内証ハ潰し候心得ニ御座候、東浦賀も夫ニては何分行立不申、是非内熟は不致、理解候も此上ハ評定所にて吟味可致、夫よりハ内熟可致との理解と相聞へ、浦賀之ものハ評席へさへ出候へは勝公事と心得、気強く相成候よし、至極尤ニは御座候得共、迚も江戸ものゝ如く内証の手か廻り不申候故、左候ハヽ、弥負ニ可相成、是等も栄左衛門掛りゆへ、能々御尋可被下候、

一御軍艦も当月中旬ニは水卸可仕、尤夫より帆柱等相立、仕揚ヶ迄はいまた手間取候得共、帆

の掛走方、調練不致候而は相成兼、就而は洋中之様子相試候故、浦触之義、当便申上候、浦触と申もの急ニ不相廻候故、唯今より申立、丁度間ニ合可申候間、右御含ミ被仰上可被下候、最前雛形絵図ニハ、日の丸吹貫ニ御座候へ共、上ヶおろし不宜候故、吹流しニ仕直し可申候、此段申上置候、

一廿九日出御用状拝見、下曾称附属之御覚書いさゐ拝見、承知、御手当之儀、御見込とも得と勘弁仕候所、甚たむつかしく、日光御参詣中は御徒方与力等より浦賀奉行組与力出役被仰付、当地に相詰候例有之、右相当之見合セと奉存候へ共、如何可有之哉、桜井代五郎貞三(93)与力内田弥太郎(94)等もいつれも先格有之、右ニ而折衷いたし申上候もの歟、下曾称よりも文通有之、蝦夷地之例に従ひ候而ハ如何と申越候へ共、蝦夷の例存し不申、右は本旅場所、当地は半旅場所ゆへ、蝦夷の例ニは相成間しく候、

御留守居与力

桜井貞三

御手当金拾両

御証文馬弐疋、人足弐人

御扶持方分限ニ応し弐割増

宿代　銀弐枚　一ヶ月

雑用金壱ヶ月弐両壱分

賄道具代　銀四枚

明屋敷伊賀者組頭格

内田弥太郎

右同断

日光御参詣中

出役浦賀御台場増詰　御徒方……

御手当　銀拾枚

御証文馬弐疋、人足弐人

御扶持方分限ニ応し五割増

宿代銀壱ヶ月　銀壱枚　但し与力ハ銀弐枚にや見合なし、是ハ御徒の例

雑用金壱ヶ月弐両壱分

賄道具代　銀四枚

右之通故、教授と御警衛とハ御手当ニ金銀之相違有之、宿代ハ与力ならハ銀弐枚なるへく、是か本途と相見へ候故、此度も拝謁以下上下席は右之通りニ而可然、伊賀者と相成候ハ一等相減し候哉難計、弥太郎は組頭格ニ有之候、扨拝謁以上当主は高之高下も有之候故、何共申兼、御手当其外右江御見競相当之被下方相願、倅并二三男之分は、都而父之分限ニ准し被下方有之可然候、尤、此度は部屋住厄介迄も出候事ニて、御証文御朱印類如何可有之、其上、此度は先三拾人召連、残之分は異船渡来ニ付出張故、御証文人足ニ而は、先日御目付方出張

之人足差支之段申上ニ相触候故、御証文は不被下候方と申上候而は如何、稽古兼之名目ては其外之御手充結構ニ候得共、被仰下候通り、非常之御警備不容易事故、其外は内田弥太郎之通り被下可然、尤、非常御警衛にても陣具・小具足は格別、甲冑持参ニは不及、可成丈ヶ供連減少、一人一騎之積り相心得可然哉、下曾称存念御糺し被成下、右ニ而宜御勘考、御相談ニ不及、早々御進呈可被下候、追而は草案拝見相願申候、右申上度、短日世話敷、乍例揮走乱略御判覧可被下候、頓首

十二月二日　　　　　　　　　　　戸田伊豆守　印

井戸石見守様

猶々寒迫り別而厳敷相成候、御平安之御起居重畳抃喜、猶御自保専一と奉祈候、御病人様御配慮奉察候、追々御回春奉賀候、

一組之もの拝借被下、如何ニ候哉、追々御番方等も相渡候様子、臨時被下ニ無之、余り御先触早過候故、引当違ひ恩怨乍ち地を易へ可申と心配仕候、当年相下り不申事ニ候哉、御手心相伺度候、拙御手当之儀、彼是蒙御配慮深奉謝候、御礼申上

一来歳御出途之儀ニ付、留守家来へ御尋も御座候よし、いさゐ御念書奉謝候、拙は初在勤ハ極略、其後追々ウナキ昇り、此セつ之処ハ少しく立派過候故、帰府のセつは勘弁も可致哉と存候、公ニは遠国御出途も無之、御家来中イカヽニ候哉、御本家長崎の例御見競ニ而は、迚も

引合不申、得と御勘弁ものニ御座候、兎角遠国奉行抱之家来は、世間之事ニ身勝手の事を引つけ、日雇口入等と品々差略も有之、大造ニのミ相成り、畢竟主人ニ不為多く、遂に難渋引込之外無之、極々乍失礼よく〳〵御心附、乍憚極ミつ申上候、まつ遠国出立は、家来はしめ末々通し人足等迄、初宿と申祝儀、川越し山越しの祝儀、着の祝儀等いろ〳〵有之、品川見立等無益の事山の如く、ヶ様なる所先省く手段第一ニ御座候、拝語なれは幾らも申上度候へ共、何分認兼候、御出入町人御親類方見送等、最初に厳敷御断之方可然、御湯呑所（御勘定所也）之同心は是非送迎いたし候、是はいたし方無之、本勤へハ百疋ツヽ、見習弐朱ツヽ、此外廻船屋浦賀屋六右衛門外一人、是は弐朱ツヽ遣候、出立前談所同心江ハ百疋ツヽ遣ハし、見立断之方宜候、道中師へ被仰付候方却而便利ニ御座候、拙抔一切相任セ、祝儀事差遣し不申、帰り道中手当ても不遣、駕籠六尺徒まて一切受切ニて弐拾五両計ニ有之、勿論金沢通り程ヶ谷一泊ニて、右之通り、はたこ・茶代・道中継人足拾両位ニ有之候、品川宿は拾両位より拾五両位まてかゝり、尤、送迎之多寡ニより申候、右故、下田迄御廻りニ相成候へは、此日数ニて御入用掛り、当節は無益之事故、御遊行兼之尊慮ならハ格別、左も無之候は、先急務御専一ニて、重而之事と御治定可然候、御着御土産は同役江ハ拝領御綿百目之外一切御無用、組頭江ハ肩衣絽（厚地ニて白也）一ッ、御懇意ニ候ハヽ、御綿五拾目御添之事、此御ワたはまつ初めてハなき方可然候、地方与力両人江横麻御紋付上下一具、吟味掛り合原操蔵、近藤良治、江も、ろ麻上下一具ツヽ、吟味掛介一人江弐百疋、封印役五人江も、ろ麻御上下一具ツヽ、いつれも仕立無之、巻ものニて遣し申候此外地方同心ノ出入、夫々江拾両計り之御土産ニて、其外は一切無之、先帳御覧ニて御着後ゆる〳〵被遣可然候、扨在勤中差置候家来、用人両人・給人両人、跡は御勝手心得候もの、御近習御中小姓ニて四五人は是非御入用ニ御座候、

（上欄注）用達町人両人ハ、拙ニ在勤めに上下遣ハし申候

拙は用両・給両・勝手給一・近習中小姓六人召連候所、このセつ両人欠ヶ居申候、中番も五人召連レ、門番徒用部屋等之小遣ひニ替々為相勤申候、門番は少し所得有之候、其外ぼうし一人、小遣六人大部屋中間ハ遣ひ不申、是を供ニいたし候此うち両人は御役知より抱置申候、別当一人、馬壱疋ニて御座候、飯米百五拾俵、昨年引除置申候、多分二ヶ月迄ハ有之、右ニて御勘弁可被下候、此外に御役所附足軽ニ新七と申老人有之、三両一人扶持にて、台所之事仕、是を遣ひ候方至て都合ニ相成候、初在勤用人手当は七両・給人五両・中小姓四両、

（上欄注）二在勤め用五両、給四両、其外三両

尤、半金渡し、半金は九月ニ相渡し、家来申合セ交代は勝手次第、自用之道中は自分賄といたし、是等は兎角人ニ隠し実を不申候得共、極内々有体申上候、箱も一体ハ弐ッ限り之処、ふと（マヽ）簑箱為持、又々箱も五ッニいたし、是ハ御むたの事ゆへ、三ッニて可然候、用人計引戸駕籠、其余は垂駕籠に御座候、旅道具は誠に無益にて、馬鹿に掛り候故、よく〳〵御功者に

御取計、乍憚専一ニ御座候、

（上欄注）御出立前より飼葉御廻し之事、当地に飼葉ハ無之、皆江戸廻しニて御座候、

一向地巡見之事、是迄役々度々見廻り候事、後れはセと申、拙は巡見致ましくと存し、先日も申上候、しかし此度四鎮相替候而は、見廻候而も相当かと奉存候、是迄と違ひ大藩の事ゆへ、供連も減しかね可申、右ゆへ御勘考もの、まつ是も四鎮相揃候上之事ニて、御在勤中相州之方弐鎮御見廻りニてハ如何、重而拙在勤ニて向地巡見ニいたし、丁度宜哉と被存候、如何○除目も四日後の事なるへく京へもいまた□書不出、何卒長肥は御心掛ヶ被下候、先ニ急ニ申上候、御出立ニつき御問合之事ハ、御別紙御ヶ条書ニて被遣候ハ、万々可申上候、不具

○冠服長上下不用ニ御座候、此段申上置候、

注

(92) 但馬殿　遠藤但馬守胤統。

天保十二丑八月十日　大坂定番ヨリ若年寄

文久元酉七月十五日　御役御免

(93) 桜井大五郎

天保十一子五月　大番頭建部内匠守与力ヨリ浦賀奉行手附出役『通航一覧続輯付録巻之十』

(94) 内田弥太郎

嘉永元申四月　明屋敷番伊賀者ヨリ浦賀奉行手附

同二百七月　下曽根金三郎に付属、砲術取建并御警備御用『通航一覧続輯付録巻之十』

（十二月五日）

宿継内御用状拝呈、向寒之砌倍御清暢被為在奉抃賀候、当鎮無異如旧御安襟可被下候、

一本月三日四日両度之宿継到着、御内状拝読、細川武器改一条は、扨々不得其意候義、尊慮御同符、其段監察江御談之趣、委細御尤ニ承伏仕候、就而は御返上もの、ヒレ付監察返達御案共、態々拝展被仰付奉謝候、是は何と申も六日之菖蒲ゆへ、其まゝ御受并に挨拶は可仕候得共、際限も無之不取締之義ゆへ、交代おり合候上は御規定に復し申度、左も無之候ハ大船御造製ニも相成、向後諸家ニても軍艦製作、参勤船路等之訳合ニ相成候ハヽ、御条目御覚書等御改御渡し候歟、又は御老中方御連判之御添書ニても御下ヶ有之候様いたし度ものと奉存候、依之伺書仕立、表状ニて差上候故、文段如何之処ハ、無御遠慮御加除之上、早々御進呈可被下候、

一越中守家来より差出候書付類、評議為致、いさゐ表状ニて申上候通り、留守居より之証文ニては余り手軽き事故、江戸勤番之家老之証文ニいたし度、左候得は、国元家老証文と同様ゆ

へ、差支は申かね、時宜ニ寄、船乗役人重立候ものは素り御差図之義ニ候得共、江戸より差出候義ニ候ハヽ、江戸家老相当ニやと奉存候、此義も得と御勘弁之上、家来御呼出し、御達被下候、先便ニも申上候通り、其後ハ不存、先便迄は四家之うち、内蔵頭を除外三家は、御警衛被仰付候吹聴をも不申越、余り奉行軽蔑ニや、是迄之御固トハ違ひ、外藩之事ゆへ、公儀御役人之御威光衰へ候而は、以来指揮も届間敷、自重之論ニは無之、後来御同前か不行届におもハれ候も残念ゆへ、得と御勘弁可被下候、

一此ほと伊勢守殿御鉄砲壱挺相廻り候所、国元より上乗之下官乗組居、其ものより御老中方御証文差出候、右は先例ニ触候へ共、御先からと申御証文ニ相違無之候故、無拠相通し申候、外向ニ候ハヽ、早々家来其御役所江御呼出、以来御証文江写添相廻可申旨御達之義可申上候得共、其根元を御尋ね有之候時ハ、江戸は取次之事ニて、御証文当地江相廻候義専要ニて、何も差支候義ハ無之故、却て毛を吹キ、おもひ寄らぬ御小言抔蒙り候も如何と黙止申候、伊勢守殿ニも余り御自分勝手御自由ニて、御作法御破り、残念之事ニ御座候、是ハ実ハ以来御証文ニて御筒御廻御座候ハヽ、江戸御役所江御差出御座候へは早速浦賀へ相廻候故、御差支ニは不相成、御連印之御証文、御国元迄被遣ハさ〳〵海上持越候ハヽ、御家来も心配之事と御柄を付ヶ候而、内史抔江御内談被成置候様仕度候、

一榊原筒之儀、猶又監察江御談し、明神崎上の御台場江は大砲新鋳可申立、夫迄之処、大坂廻

り三挺当分御貸渡し之儀御談被下候よし、誠に難有、何卒左様にいたし、当暮御筒相揃申上度、亜・魯・英・仏よりハ新四鎮へ被相対御失体ゆへ、よく〳〵御明弁可被下候、
一亀甲岸、此セつなれは拾上候て大益有之、何分相願申候、
一被下金之儀、何卒足軽は下回之分解といいたし、早々相済候様祈居申候、
一香栄出立日限一日後に相延、御用状相違恐入候、却而同人江御尋、当地之模様拙考の肝心、得と御尋、かつ公之御内慮も御筆上計ニてハ徹底仕かね候儀被仰含可被下候、当方御船之義も、香栄出立後奇人を得候而大益を得候間、弥御軍艦は無別条出来可仕、御安慮可被下候、いそき早略、余は重便万々可申上候、頓首

十二月五日　　　　戸田伊豆守　印

井戸石見守様

再伸折角御自愛専一奉祈候、引つき当御在府は悉皆御一人勤ゆへ御繁用実ニ奉察候、いまた除目もあるましく、八日ニは如何可有之、監筆頭いまた引中ニヤ○四鎮并江戸御固九家之分云云と被仰下候、九家と申ハ誰々ニヤ、新聞御序ニ相伺度候、早々不具
御手当金裏印之事、彼是御配慮難有奉存候、以上(95)

注

(95) 江戸御固九家　彦根・川越・萩・熊本・会津・忍・柳川・岡山・鳥取藩の九家。

(十二月十二日)

定便内御用向拝呈、先以厳寒之砌倍御壮猛被為渉欣喜不斜候、拙轄不異静妥御安襟可被下候、一此程香山事出府申付、亜船初度之光景得と御承知被成下候事と奉存候、就而は毎渡初発之所肝要ニて、団円之所置、最初に根さし候故、彼是心配仕候而、種々申含差上候、同人事、兎角身分之事、又ハ立合之事、彼是之論も御座候得共、如仰身分之事は今此所ニて可申処ニは無御座、其段は出立前理解仕、同人断念之よし申立候故、左様御承知可被下候、立合も此所ニてハ無益なれとも、退而考候得は御同前に追々申披之廉々も相成至極宜、いつまて香山一人呑込おり可申哉、其うへ事を分候て被仰出候事故、是も非も歯牙に挟むへからす、過日御両名申立之通り、すらりと為済、組頭出来を相祈り申候、しかし当節組之者多く候得共、一働き可致と心頭ニ掛候者は香栄一人故、此気配を挫き候而は、差向キ御用も弁し不申、こゝら之意味御熟察可被下候、たゝ〳〵可恐処は亜人之御所置御もらし無之、其場に臨み、或は機変の策に御国体を汚さす、後患なき様穏かに帰帆為致可申抔、鯰魚瓢箪之御差図にてハ、実に御国体に拘候事出来可致候、深く心痛仕候、魯西亜・米両国共に英・仏之比ニは無之、人物は穏和故、御隔心無之、万国同一轍之御作法ニいたし度ものに御座候、内探御座候所、林子江御返翰案取調被仰付候よし、まつ〳〵夫程之御開市と相成候も時勢かと奉存候、閣老衆之御返翰計りニては、猶不敬を咎め、彼是と可申、全く御返翰無之候ハヽ、何の故ニて滞り、いつ何時にハ御返翰御渡しと申、屹度証拠なくてハ聞入申間敷候、そのうへ此度は貢献もの持参も、猶夫につき添書らしきものを可差出候、其返しもなくハ成ましき也、いつれにいたし而も、五日ヤ十日ニて相済候訳ニハ不相成、其間にハ本牧のそきも可有之、扨々心配此事に御座候、もはや年内余日も無之、旅館之御沙汰も立消と相成り候、よしや閣老衆御返翰出候とも、呼出し可相渡地所は無之、当夏ハ幸に晴天故不差支、もし重而渡来、如旧久里浜にも候ハヽ、あやにく雨天ニ候ハヽ、可相渡場所無之、如何被遊候思召ニや、拙ニは了簡更ニ無御座、雨天日送り〳〵と相成候ハヽ、先方も承知不仕哉と被察候、

一崎陽之消息、其後無之候哉、十二日出の和解等は是非拝見いたし度、御心得置可被下候、

一亜再渡取計方、尊慮之御智計も可有之、書中ニては何分徹底尽かね候故、得と相伺候様、栄左江申付候間、何卒御見込之処相伺度候、如命酔夢之徒唐人云云、夷狄禽獣又は日本魂ニは実に恐れ申候、

一紀州ハッテイラ取寄御番所改之義、空船と申御差図もの故、別段伺無之候而も可然哉と奉存

候、しかし尊慮次第に可仕候、
一干鰯一条、播州之諭解至極宜、何にしろ現在之素形ニて、まつ問屋名目相立、追而分解と相成候へは一時相済候事ゆへ、夫にて双方相済候様いたし度候、就而は香栄よりも可申上候哉、如何、右一条、夫までにて、双方相泣止候哉難計、まつ現在之素形ニ而問屋名目相立、西浦賀は新問屋之事故、猶身元相撰み可申、其段当かたへ一応沙汰有之候ハ、浦賀丈ヶハ相済セ可申、江戸は町奉行にて現在之もの問屋名目相立させ候而ハ如何、浦賀之もの呼出しニ相成候事故、右様なる事にて帰村之廉附度ものにや、如何
一下曾称附添之御手当類、別段拙より下曾称へ申遣候而も入組候ゆへ、返事は不致候、何卒先日申上候日光御留守中出張ハ、相当之見合セニて、日光ハ表立御警衛、此度ハまつにやくくやの訳にて、実ハ日光よりハ緩急有之候事故、彼是合考にて、右を引付ヶ拝謁以下ハ可相済、たゝ小普請并に部屋住厄介之所ハ、目当無御座、差掛り出張差支故、御取調被仰立候義と奉存候、此節ハ実ハ御繁劇、深く奉察恐縮仕候へとも、下曾称之引合も御座候事故、御地ニて御引受何分相願申候、
一新四鎮武器廻方ハ、先便伺書さし上候間、定メ而御進呈被下候事ニ奉存候、宜奉願候、
一御筒試鋳込、大津之者へ申付候処、鋳損し出来残念、掛りも恐入候、是ハ最初より少し無理有之候処、果して然り、乍去一挺之過ちを以て取棄かね、猶跡一挺申付候、中旬ニは鋳込に

可相成候、見魚崎も追々岩底宜相成候故、抜穴も無別条と存候処、昨日中途より崩落申候、幸ひに人命にも不拘、けかも無く大慶仕候、いつれも損失かゝり、甚迷惑、御さつし可被下候、一挺鋳損し候事ハ、まつ公迄内々申上置候、御船帆走之事ハ、案外に助けを得候事有之、大安心仕候義有之、追々可申上候、まつハ申上可被下候、

一右之通認候処江、昨十一日宿継到来、御内状拝見仕候処、去九日伊勢守殿御直渡し御書取并に御草案等逐一拝見、いさゐ御自書中共、得と承知仕候、右は至而むつかしき規則ニて、火急に御受ハ仕かね候得共、何に為致、言路を得候事大慶仕候間、一両日中御草案を基本と仕、愚説を蛇足いたし、早々自是可申上、今日之事ニは何分決しかね、少々御猶予可被下候、

一香栄御談判も被成下、同人相公侍臣へ閑話ニ相成候よし、大に宜敷、御同前計り之申立より直に取計候もの、御取次なしに御聞込ニ相成候得は、御分りも可然、此度之出府御用ニ相立、大悦仕候、先頃中より差出可申と存居候へ共、計局抔にて質問被致候而は、却而災害を生し基と相忍ひ候、其うへ組内にも如何之建白、いつれより可差出候もの有之、諸人共に目を付候事ゆへ、差控候処、御褒賞は相済、一人は西土江出立、其外も多端之折からゆへ、此時を然りと卜し出府為致候所、拙意遇中ニて相公館江御呼出しと相成候義、大幸之至り奉存候、全く右等之機会御周旋故と奉謝候、同人十二日出立十三日退浦之由、いさゐ御様子可承と奉存候、

一同人身分之儀ニ付、縷々被仰下候趣、逐一拝読仕候、右は余り拙計落膽いたし候様ニ相成候も迷惑仕、先日中より之御様子相伺居、かつ出立前段々申立候而、異船渡来仕候共、御台場は御手薄、御軍艦ハ無之、当節之実用は兎角平穏に異船出帆為致候迄にて、其取計は組内栄左衛門に有之、此者一働キ為致候故、是非身分御取立、組頭見習出来かね候ハヽ、日光奉行支配吟味役之振合ニて、御勘定格とか支配勘定格とか被成下候様いたし度、左も無之候而は浦賀へも出張いたしかね候段、種々歎願いたし、夫故出立引絞り漸く出立前日明日罷出被仰渡、ワざ〳〵登城仕候処、漸五人扶持被下と相成り甚た失望、其セつ竹七も、まつ此度ハ如斯今一骨折おらせ候而御引立之思召と、極ミつ咄しも有之、然ル処、当度の仕義ニて、此度ハと存候所、猶不行届、乍然、取来高被下、御譜代と申ハ容易の事ニは無之、夫に世間、日本魂打払へ〳〵とりきみ候折から、平穏取計ニ相成候故、何かあやしき浮説行ハれ、組内にも同人の功をそねみ候事ニて、衆口紛々の所、まつ〳〵事済にハ候得共、兎角に崎陽の馬場某(96)浦港の香栄は天下之罪人の如く建白いたし候ものも有之候哉ニ相聞へ、又々こゝにて御同前より書面抔にて御引立之事申上候而ハ、亜米よりハ近く此辺之嫌疑を承り可申哉と深く心配仕候、尤、是ハ遠地の推量にて、福相はしめ政府の御英断にて、彼レを御遣ひ被成候而、再度の災をゆるやかに被遊候思召ニも候ハヽ、何卒一格御進メ有之度ものニも御座候、香栄へハ、迚も爰らにてその様なる事、発言の場合にも無之、天下の御為危急存亡の時、一己の栄枯に可抱場合ニは無之、乍去事相済候上ハ、身分ニ替候而も可申立、此度ハ決而発言致かたくと厳敷申談置候、公の御説得も御同様と奉存候故、先日之建白通り計局監察等へ夫々被仰渡も相済候上は、迚も一人辻ニてハ御用ニも不弁候事ゆへ、香栄を引揚之事、別口に申出し可申哉と奉存候、計局の掛りも監察の立合も御疑念晴しに被仰出、扨御実用ハ左様なる邪物にてハ行届不申、矢張落る所ハ香栄之取計に帰し可申、其セつハ何様にも可被申立哉と奉存候、福相等御逢之セつ御口気次第、夫共に可然被仰上可被下候、松河よりも此うへ香栄ハ猶御引立可然、乍去一度に一飛も却而障り可有之哉、今一段進み候而もよろしきものと内文通も御座候、御含ニ申上置候、いつ之応接掛りと申もの手切り之名目ニ不相成、一両人も支配勘定格位ニ被仰付候様いたし度候、同人も与力名目手切り之掛りゆへ、人も彼是申候得共、結局上より軽くとも其名目被仰付、或は徒目より一人、与力一人両人も吟味役とか応接掛りとか被仰渡置候而、事立候セつ、江戸より立合に被遣候ハヽ可然と奉存候、御勘考可被下候、

一御軍艦此度御新造之外、大振之方一艘フレカツト可被仰付候間、右絵図面其外共、取調差出候様伊勢守殿被仰渡候段、いさゐ栄左衛門江被仰談候段承知仕候、愉快至極ニ奉存候、江川請負ニて高嶋并に万次郎附属蒸気船出来、水府老公御受込ニて、大船御出来之よし、如斯弘明傑出之向、夫々御引受申上候処江、当地江も同様被命候段、扨々難有存候、先便奉申上候通り、少々よき引導者を得而大に力を得候、尤、栄左衛門ハいまた存申間敷、此度御出来之

船ハ開発ゆへ、日本臭を免かれ不申、今更遺憾なくハならす、引つゝき大船被仰付候へは、重而ハ多分間然無之出来と大慶仕候、早々取調可申上候、実ハ諸国之軍艦大同小異も有之、蘭船計りハ都而当地にて目撃不仕、多く英・亜弐国に従ひ、舟後之処ハ、自然とホルトカル船に類候もの、此度ハ出来仕候、まつ追々成功之上、万々可申上候、何角心痛御察可被下候、右申上度、短日殊之外多端故、拙筆別而繚草御判覧可被下候、頓首

十二月十二日　　　　戸田伊豆守　印

井戸石見守様

再白寒気御自愛専一、御病客様御保護別而奉祈候、此ほと中ハ引つゝき御出殿、御早出うちつゝき、御苦身海岳奉察候、拙瓦全、乍憚御放念可被下候、

一下曾称附属御手当類も御打合セ相済よし、彼是御骨折奉謝候、年内出浦如何候哉、

一新鎮砲器廻しかた伺書ハ御同案之よし、就而熊本江戸詰家老印を拒ミ候よし、偏固の人情困らせものと可申歟、

一福相鉄砲御廻しもの写被遣、今度ハ本法安心仕候、

一明神崎御筒相揃不申、心配仕候、稲冨五貫、井上十貫、いつれも面白からす、御膝下さへ西洋台場、御筒も西洋流ニ被仰付、詰候ものにも其業調練可致様、先達而被仰出、浦口之御台場計り一向御構無之と申ハ余りとや、御隔意の事、畢竟江川如キ之小人御取用故、万端当方

を別ものといたし候義、公然たる義とハ不存、もし浦口打破れ候節ハ、高見の見物と可相成哉、私心を退け一致之力を尽されハ、御為とハ相成ましく、泉侯の思召、乍憚不得貴意候、此儘ニて御交代相成候ハヽ、拙愚意をも申述度、此上は一向ニ被仰立間敷哉、五挺御廻し之玉薬ハ仕越候て大概出来仕候得共、御入用御下ヶも無之、たたころかし置候計、結局五挺や十挺御備ニ相成候共、御厳正ニは無之、御筒有て玉なく、御台場有て砲器なきも、異日敗績之時の申訳にハ可相成、崎陽の秘密も御洩らしなく、御同前に奉身而退之外有之間敷、乍併左候而ハ弥御為ニは相成ましく、兎ニも角ニも此節程御同役混和仕候義も無之、両人断金、其香蘭とも参らすとも葱位ニハ相当り可申、こゝを辛抱いたし、是非御大事ニ不相成様いたし度、シハらく忍の一字ニ可有之歟、御賢慮相伺度候、泉侯御叩論之節、乍憚拙今日怒筆之端、少しく被仰上方相祈申候、しかし御勘弁次第之事

一亀甲之事、滞延歎息の事、被下金、此義も同しく一兵衛御談方感服仕候、此セついろ〳〵当地よりハ申上、御うるさく恐縮仕候、

一御役知物成今日分配、御同前難有奉存候、御証文相済候へ共、果して当年ハ半減、御難渋深く察し申候、来春之御立は実ハ極々之御質素御実用計り可然候、此義も香山江申付遣し候へ共、いさゐ申上候哉、具足も実ハ余慶ニハ入らさるものなれとも、此義ハ以心伝心御賢考可被下候、

一来歳ハ全くの御初在勤、当暮ハ御役成当座臨時之事、いつれ御拝借御願可然ものと奉存候、猶乍不及、拙ヨリも可申上候、

注

(96) 崎陽の馬場某　長崎奉行所通詞馬場五郎左衛門。
嘉永六丑七月十八日　露国使節プチャーチン軍艦四艘ト共ニ、長崎来航、長崎奉行手附馬場五郎左衛門応接

解説　南浦書信

幕末史料としての特色

南浦書信はペリーの浦賀来航直前の嘉永六年（一八五三）四月晦日から十二月十二日にわたる（途中脱けている日あり）同地奉行戸田伊豆守氏栄《うじよし》の在府奉行井戸鉄太郎（石見《いわみ》守弘道）への私信集である。この書簡は両奉行間の公文書ではなく、戸田から井戸へのごくプライヴェートな手紙で、その内容にはきわめてユニークなものがある。公式な報告や上申書にはない戸田の個性が文面に溢れ、黒船四隻を背に開国を迫るペリーに対する、奉行以下与力たちの動きも手にとるようにわかる、興味深々の読物といってよい。

南浦書信の原本所在は不明だが、ここに紹介する乾坤二巻は、大正三年（一九一四）鉄太郎の孫に当たる達夫宅にあったのを、東大史料編纂所々員が筆写したもので、三年前、偶然の機会に中島三郎助研究会のメンバーによって発見され、解読された。

その内容を紹介する前に、これが幕末史料としてきわめて貴重な理由を述べたい。

第一に、著者が黒船と対決した現地奉行で当面の責任者であったこと、第二に、宛先は相役の在府奉行だが、実際には井戸を経て老中首座阿部伊勢守正弘の手許に届いていたと推測されることにある。幕府の伝統的官吏統制策の一つとして、長崎もそうだが浦賀奉行は代々二人制で（一人制のときもある）、江戸と現地と一年おきくらいに交替し、その間二人の間の私信交換は禁止されていたと思われる。それが例外的に許されて、戸田が云いたい放題書きまくっているのは、彼が阿部に深く信任されていたからと思われる。

ペリーという個人名は不明であったが、アメリカ軍艦がこの時期浦賀に来ることは、一年前オランダ国王よりの「別段風説書」によってわかっていたことで、それに備えて阿部は嘉永六年に入って戸田を在府から現地に転役を命じた。彼は当時五十四歳、六年前の弘化四年二月、日光奉行から浦賀奉行へ転じた。前任の大久保忠豊、一柳直方は五千石の高禄旗本で、五百石の戸田は異数の抜擢であったが、前年にはさらに二千石に加俸のうえ勘定奉行格、即ち勘定奉行に匹敵する強力な権能をもつ地位に戸田を上げた。つまり、黒船来航の場合、それに対処する全権を戸田に与えたのであった。

阿部は黒船の来るのを知りながら、なんの手も打たなかったとよく言われるが、極言すれば、戸田にすべてを任せたことが、その最良の対策であったのである。その戸田も奉行一人で黒船の相手をすることはできない。手足となる有能な配下を必要としたのであるが、この点彼は恵まれていたと言ってよい。

ペリー来航のとき、旗艦サスケハナ号に最初に乗艦したのは与力中島三郎助と通辞堀達之助の二人、翌日奉行と詐称して乗り込んだのが与力香山栄左衛門であった。彼は人品、挙措、弁舌、すべて幕府代表の風格を備えていたので、アメリカ側のダグラス参謀長以下の信任を得た。ペリーは携えて来たアメリカ大統領の国書を、九日久里浜において戸田氏栄と井戸鉄太郎に渡し、翌年再航の準備に江戸湾に入り測量のうえ、十三日浦賀を去った。

香山と中島の二人が、その評価は異なるが、とにかくアメリカ側から語るに足る相手と見られたのは、ともにアメリカ人と対話、といっても手真似であったが経験があったからである。二人の他に三郎助の父清司、弟分の与力佐々倉桐太郎等すべて、八年前の弘化二年（一八四五）アメリカ捕鯨船マンハッタン号、同三年（一八四六）軍艦コロンバス号、ヴインセンス号が浦賀に来航したとき、それに乗船しており、なかでも清司は奉行に代わってその船長、艦長と逢って話をまとめ、無事出航させたのであった。

もちろんペリーもこうした浦賀における日米両国人親交の歴史をよく知ったうえでの来日で、互いに相手についての予備知識を充分もっていたことをここで強調しておきたい。

浦賀における日米交渉の経過

江戸湾口の浦賀に外国船が近づいたことはそれ以前にもあったが、日米両国間に接触のあったのは、天保八年（一八三七）アメリカ帆船モリソン号が日本人漂流民を乗せて現われたときからである。

当時幕府はいわゆる鎖国の最中で「異国船無二念打払令」によって、浦賀の台場に砲撃を命じた。このため難民たちは故国を眼前に見ながら上陸できず、遠く広東附近まで連れてゆかれる悲劇を生んだ。

このときモリソン号は一発被弾したが、なんの損傷もなく立ち去ったと言う。当時与力として奉行所にあった中島清司は、この経過を実見していた。

その八年後の弘化二年（一八四五）三月、同じくアメリカの捕鯨船マンハッタン号が、日本人難民二十二名を乗せて房総半島に近づいた。

船長マーケーター・クーパーはモリソン号の前例を知っていたので、浦賀に近づく前に二回にわたり、二人ずつ二組の日本人を上陸させ、幕府に予告した。この種の難民は長崎以外の土地では受け取らないという打払令に基づく禁令を船長は知っていたが、北太平洋の漁場に赴く途中であったから、遠く長崎まで針路を曲げる余裕はなかったのである。

難民の報告を受けた在府浦賀奉行の土岐頼旨は、元来ヒューマニストの性格で、船長の好意に感謝し、浦賀で受け取るべきだと上申した。

老中阿部正弘はこの時二十七歳、たまたまこの前月二十二日首座（今日の首相に当たる）を命じられたばかりであった。彼は船長の人道的かつ慎重な計らいを認め、「権宜」（例外的）の措置として、浦賀で受け取ることを、将軍家慶の許しを得て認めた。

このとき土岐の方針により、実際にクーパー船長との交渉に当たったのが清司であった。その好意に酬いて奉行所は生鮮物食料品の他数々の贈物を送った。暴風雨に逢ったときの被害を考えて、檣用松材の丸太二本を準備したのは清司であったろう。

次いで翌三年（一八四六）五月、今度はアメリカ軍艦コロンバス号、ヴィンセンス号二艦が浦賀沖に姿を現わした。阿片戦争のあとイギリスと屈辱的な南京条約を結ばされた清国政府との間に、同じ内容の望厦条約が前年アメリカと結ばれた。その批准書交換のため香港に赴いた帰路、日本との間に通商条約締結の可能性打診に立ち寄ったのであった。

このときの旗艦コロンバス号は排水量二、四四〇トンの大艦で、船腹には両舷二段九十二門の大砲を備えていた。野比沖に碇泊した二艦を数百の軍船、漁船が取り巻き、奉行大久保忠豊は平根山の御備場（砲台）から見下ろして指揮をとった。軍船といってもたまたま入港中の千石以上の船十七艘を御用船として徴発したものに、一、二の大砲を積んだにすぎない。無数の漁船が蟻のようにその廻りを取り囲んだ光景を奉行はどう見たであろうか。

このときも、ビッドル提督の申し出を断り、円満に退去させるべく交渉したのは清司であった。マンハッタン号のときと同じく、彼は乗艦してビッドル以下に「諭書」を読み聞かせた。このような場合、奉行が逢うことはない。すべて与力が処理するのが幕府のやり方であった。

父にしたがって三郎助も当然乗艦し、アメリカ側の歓待を受けたはずである。もちろん香山も同行したと思われるが、このとき最初に乗艦したのは三崎の番所に詰めていた佐々倉であった。当時数え十六歳の彼は小者一人を従え艦を止め、真先に甲板に上がった。のちにその功を賞せられて金子を賜わった。

こうしてビッドル騒ぎが治まって、浦賀の町も平静に復した七月十八日付で、清司は『愚意上書』と題する上申書を幕府に提出した。いまその詳細を述べる余裕はないが、コロンバス号という巨大な軍艦を眼前に見て、幕府というより日本の国防を論じた劃期的な文書である。

まず冒頭に「無名の軍《いくさ》」を仕かけてはならないと警告している。九年前モリソン号を砲撃したとき、清司はそれを目撃していたこと前述した。今度のように圧倒的な戦力をもつ相手に軽々しく砲撃を加えれば、たちまち反撃され砲台は潰滅される。相手はその機会をねらっているのだ、と清司は説く。

コロンバス号は軍艦に違いないが、今度は日本にアメリカとの通商の意思あるか否かを確かめに寄っただけで、始めから戦意はない。それをかりに砲撃すれば、それは「無名の軍」、非は我が方にある。外国人と見ればこれを「夷人」と蔑称していた当時、これだけの国際感覚を清司はもっていた。前年マンハッタン号のクーパー船長と親しくなり、その影響を受けたこともあるが、元来好学家で蘭学の素養はないが、その翻訳書によって阿片戦争以来の海外情報もよく弁えていたのである。

この上書の結論としては、「堅固の軍船数艘用意仰せ付けられ、其船十町程も相進み（敵船を）追討仕る」しか対抗策はない。台場とは「其場所着岸上陸を防」ぐまでのものでしかない。日本でも軍艦を造れという主張である。

阿部はこの上申を全面的に受け入れたと思われ、このあと勘定所の反対を押し切って、二檣のスループ型軍船を造る。蒼隼丸などがそれであるが、それが後述する三檣バーク型の、当時としては本格的軍艦鳳凰丸を香山や三郎助が完成することに繋がる。

ここに名の出ている中島親子、香山、佐々倉は互いに姻戚関係にあり、ペリー来航のとき清司は与力を息子の三郎助に譲って隠居の身であったが、裏面で三人に助言し、奉行の戸田の相談に与かっていたと見て間違いない。

このコロンバス来航のあと、阿部は奉行を更迭して五百石の戸田を抜擢したことは前述したが、続いて学識ある浅野長祚を任命、身分より実力の人事を行ない、浦賀の海防拠点としての重要性を内外に示した。

前に浦賀に有能な与力がいたことは阿部の好運だったと書いたが、彼等を信頼して重用した戸田もまた阿部の抜擢であったことを、ここで繰り返しておきたい。

その注目すべき内容

南浦書信は乾坤二冊より成るが「乾」は嘉永六年四月晦日からペリー来航前日までと、同月二十二日から七月二十二日まで、「坤」は十一月四日から十二月十二日までの二部にわかれている。ちょうどペリー滞日中の記事が欠けているのは残念であるが、おそらく多事に忙殺され執筆の余裕がなかったからではないか。

まず注目されるのは当時の幕府は老中の阿部と牧野備前守忠雅、勘定奉行の松平河内守近直の三人で動かされていた事実である。老中には牧野のほか久世広周《くぜひろちか》などがいたが実権はなく、勘定奉行の近直がそれを握っていたと見てよい。

「福相は度量広く、さりとて御決断はこれ無く、御直《じき》には何程も御廃論御建白よろしく」と、一見阿部を軽く見ているようだが、彼を信頼して反対の意見も自分の意見も直接申し上げろと井戸にすすめている。そうは言いながらも、案件によっては「河内より内々伊勢殿へ御耳打ちいたし置き候方後難あるまじく」ともアドバイスしている。日常の細かい具体的な問題については、まず近直に話し、納得させたうえで、かれから阿部にさりげなく「耳打ち」させるというやり方もあるという。老練で有能ではあるが扱い難い前任の水野忠徳に代わって、この四月から在府奉行となった井戸をよきパートナーに仕立てるため、戸田は一生懸命という感じである。

ここでは牧野の名は出てこないが、黒船が現われてすぐ、戸田は大垣本藩江戸詰の小原鉄心に警備兵派遣要請の急便を出したとき、その旨を牧野を経て阿部に伝えている。平根山などの砲台には彦根藩士が詰めているが、奉行所は元来平和的交渉の場であるから与力、同心その配下の小者たちなど、人数はいるが、武装した兵士はいない。そのため万一のとき本藩からの派兵を、戸田は阿部と牧野に江戸にいるときから頼んでおいたのであった。

黒船の最新式大砲に対して、百人や百五十人の火縄銃の兵士では、あってもなくても問題にならないのでは、といまの時点では考えられるが、予想されるアメリカ海軍と交渉の場で、剣付鉄砲で武装する相手に対して、大小紋付袴の与力たちでは、なんとも様にならない。

こうして応援の大垣藩兵は、小原の命によってすぐ行動を起こし、徹夜の行軍で五日中に浦賀に駈けつけた。

一方江戸からは阿部の腹臣石川和介が入れ違いに浦賀に派遣された。彼は頼山陽の弟子筋、つまり対外強硬派であったが、黒船を眼のあたりにして、香山や中島の話をきき、無念の思いで帰府、阿部にペリーの要求に従う、つまりアメリカ大統領の将軍宛書翰を受け取らざるを得ないと報告したのであった。

書信のブランクの間、即ち三日から二十一日まで、たまたま重病の床にあった家慶に代わって、阿部は書翰受け取りの許しを水戸斉昭から得て、それを戸田、井戸二人の浦賀奉行に命じたが、その前に戸田は緊急の書を阿部に送り、受け取る他ない事情を簡潔に切言している。

話はやや先走ったが、「乾」の前半、つまり黒船出現前、その対抗策として台場が先か、砲を備えた船が先か、戸田は悩んだ。ほんとうは両方欲しいのであるが、そんな金は勘定所から出るはずはない。かろうじてできたことは浦賀湾口の明神崎台場を海から見えないように隠し砦とし、そこに井伊藩に貸していた大砲四門を取り返して据えるに止まった。その苦心の備えもサスケハナ艦上からは望遠鏡でまる見えで、アメリカ士官たちの失笑を買った。射程の長い破壊力のあるペキザン砲であれば、台場の砲が火を吹く前に、台場そのものが吹き飛ばされること確実であったからである。

「乾」の後半にはしたがって台場の話はまったく出てこない。もっぱら船のことばかりである。その緊要であることを戸田はあらためて上申し、八月十五日、正式に認められて軍艦建造の準備に入る。その経過は「坤」に譲り、次に幕府より浦賀に派遣された視察団に触れたい。

六月十八日　現地に着いたそのメンバーは次の通りである。

団長　若年寄　本多越中守忠徳

団員大番頭《おおばんがしら》　九鬼式部少輔隆都《たかひろ》

勘定奉行　川路左衛門尉聖謨《としあきら》

同吟味役　岡田利喜次郎

鉄砲方韮山代官　江川太郎左衛門英龍

目付　戸川中務少輔安鎮《やすしげ》

本多は同僚の遠藤胤続《たねつぐ》とともに阿部政権の初期からのメンバーで、常陸泉二万石の藩主。寡黙公正な人柄であった。

ここでちょっと若年寄という存在について述べておきたい。老中が幕府の最高執行機関であるのに対して、若年寄はそれを援けると同時に、非あれば直接将軍に訴える権能をもつ。勘定奉行はじめ直接幕政に携わる吏僚を監視する立場の目付、徒目付、小人目付たちはこの若年寄の支配下にある。その本多を長とする今度の巡検使の使命は来春再来するアメリカ艦隊の防禦策をどうするかにあった。

軍事的対策を考えるうえで大番頭の九鬼が筆頭に選ばれている。大番とは江戸城外を警備する旗本たちで、その配下に与力・同心がある。

城内警備は両番と言われる、書院番・小姓番が勤め、この大番と併せて三番と称される。のちの近衛師団に相当する兵力であった。

したがって大番頭の九鬼は陸軍の総司令官という格で浦賀に乗り込んだのであるが、「九鬼の如きは何等の次第に候や」と戸田に罵られるように、海防にはまったく無知で、中途川路の計らいで江戸に戻される。

その川路も戸田に言わせると海防には暗く、大砲の音に身を「ヒクつかせる」と冷評されている。彼の配下で事実上海防費支出の権限を握っている吟味役、岡田利喜次郎に至っては「猾吏」と罵って、憚からない。

さらに当時としては海防について最も詳しく、見識と実行力をもっていた江川に対しても無礼の言葉を吐いているのは何故か。

それは、江川の師高嶋秋帆から同じく免許皆伝を許された下曾根金三郎の弟子筋に戸田は当たるゆえと解される。浦賀防衛の一つとして、大砲や鉄砲の扱い方、台場構築の指導のため、阿部は筒井政憲の実弟である右の下曾根を嘉永二年浦賀に派遣した。戸田以下、香山、中島三郎助、佐々倉等はみなその弟子であったから、いまさら江川の意見を聴くまでもないという見幕であったろう。二者択一の戸田には、両者のよいところを採り入れるというような考えはまったくない。下曾根がイエスなら江川はノーなのである。こういう性格が結局は周りから幕閣にまで疎まれる結果になるのであるが、それについては再述する。

最後に目付戸川の名がある。前述したように彼は弘化三年海防掛目付となって以来、ずっと平根山を始め浦賀周辺の台場構築に現地と江戸の間を奔走していた。長崎奉行を勤めた父安清の影響もあって、海防については知識も信念ももっていたが、元来虚弱な体質で、このとき浦賀に着いて早々倒れてしまった。本来なら戸田とともに現地を案内して、海防の具体策を本多に言上する立場にある人材であった。人材と言えば、彼はこのあと幕政改革と外交を担う堀利熙、永井尚志、岩瀬忠震、大久保忠寛の四人を阿部に推薦した人物でもある。惜しいことに部屋住のまま、この秋に没する。

こうして戸田が評価したのは巡検使の長、本多忠徳だけで、鴨居あたりの岸辺に立つて湾口の海面を眺め「富津・観音崎の渺々には御当惑、いずれも大船新調の外善謀良策有るまじくと思召候御物語これ有り、よもや此度は御仕法も相立ち申すべしと、国家の御為密かに大慶仕り候」と書いている。

この巡検を振り返って「右御見分等にて手数多く、去る三日（黒船出現の日）以来一日も安眠致し兼ね、市中人足共まで困弊、御賢察下され候」とも書く程の状況で、戸田は心身ともに多忙を極め、井戸に書信を書く余裕がなかったに違いない。

そういう苦労も本多が軍艦をつくる以外に「善謀良策」はないと言ってくれたことで、「国家」のため「大慶」としているのである。「幕府」のためとは書いていないことに注目したい。

こうして戸田はこのあと建艦に一路邁進する。そして翌八月十五日、前述のように「大船新調」が正式に幕府によって認められる。これが翌年五月に完成する鳳凰丸であるが、詳しくは「坤」で後述する。

軍艦ともう一つ戸田がこだわったことに、来春再航が決まっているペリーに対し、どのように応接するかという問題で、これには香山しかいないと戸田は思い詰めていた。その成否は香山と通詞堀の「舌二枚」にかかっている。それゆえ出先浦賀の与力にすぎない香山の身分を「国家」即ち日本代表にふさわしいものに上げよというのである。

こうして彼が書信のなかでたびたびやかましく主張し続けたのが九月に入ってようやく聞き届けられ、七人扶持の幕臣に取り立てられた。香山のこの異例の出世が、彼にとっても戸田にとっても幸であったか、それは後述する。

この時期、戸田は書信のなかで再々「上府」を熱望している。手紙には尽くせない。井戸がそれによって上司を説得するのは難しい。自分が直接阿部以下に逢って、情況を説明し具体的に建議したいと言うのであるが、阿部は最後までイエスとは言わなかった。戸田の激越な言葉が幕閣に無用の混乱を来たすことを恐れたからと見て間違いない。巡検随行者への彼の悪罵を思えばそれは当然の措置であったろう。その人物に傾倒した本多以外は、川路も江川もボロ糞に書いている戸田、これでは周りとうまくいくはずがない。よく奉行が勤まったものだと思うが、事実このあとそれが難しくなるのである。

六年近く浦賀奉行の職にあり、五百石の旗本としては破格の待遇を受けた戸田が、上府も許されない状況に追い込まれたのは何故か、これを論ずる前に、書信に見られる戸田の性行、考え方に触れておきたい。詳しくは本文を見ていただくことが一番であるが、その参考となるかと思われる二、三をあげたい。

第一はその先見力である。彼自身が久里浜で受け取ったアメリカ大統領の親書が翻訳されると、「かの書簡は実に尽くし申し候」とその内容を賞め、独立してまだ七十七年の国だが、この調子では「数百の後は天下一統も仕るべき」勢であるとし、いま「信を結ぶ」のは「策の善なるもの」と結論している。

その一五〇年後のいま、世界の情勢を見ればアメリカ一国は圧倒的優位にあり、戸田の言の正しかったことを証明している。

次に、このアメリカと「互市相開く」ことを「政府」は英断せよと言う。「衆評」を聴く必要はない。「諸向の論は無用の弁多く」「枢要の有司真意を」知れば、それで済むことである。つまり阿部、牧野、近直の三人で決めればよいと言うのである。

しかし阿部はこのあと、有司どころか一般士民にまで、アメリカ大統領の考えを公開するという破天荒の挙に出て、人々を驚かせた。その是非は別として、このとき阿部と戸田の間に政見の隔たりを生じたことは間違いない。その後さらに言い募る戸田の出府を阿部が認めなかったのも当然である。戸田の言っていることは正しく、その先見は当たっているのであるが、その言辞は矯激に過ぎ、有司を納得させるどころか反感を買うのみと、阿部は見たからであろう。

このときから数えて五年後の安政五年（一八五八）六月二十日、日米修好通商条約が結ばれ、戸田のいう「互市相開く」ことが実現、貿易国日本の発展の途が開かれたのであった。繰り返すが、戸田の言っていた通りの結果になったのである。

話をペリーの動きに戻す。

彼は国書を戸田に渡したあと、一転して江戸湾に艦を入れ、湾内深く測量させた。明年再航の準備のためであるが、東海道筋から江戸市内まで人心騒然と湧き立った。「半鐘を打ち火事羽織の徒を集め、町人共を駈け催す」幕府役人たちを「沙汰の限り」と戸田は批難し、もっと「泰然」とせよと戒めている。

浦賀においても、当初は家財道具を車に積んで奥へ避難した町人たちも、いまは落ち着いている。それは戸田が「此度異船別条これ無きゆえ、安心渡世いたせ」と二度にわたって町触れしたからである。しかし、この「泰然」とせよという言葉は江戸の幕閣や有司への忠告であると同時に、戸田自身への自戒でもあったのではないか。

当時世界一の最新最大戦艦サスケハナを旗艦とする四隻の黒船に対し、浦賀の役人たち、与力中島や香山はよくやったと、アメリカ側の評価も高いのであるが、彼等の内心の動揺は察するにあまりある。武士としての誇りがそれを表に出すことを抑えたとも言えるが、彼等が八年前からマンハッタン号、コロンバス号とアメリカの艦船と接触し、アメリカ人に親近感を抱いていたからでもある。

サスケハナに乗艦した三郎助や香山は、それ以前の船とはまったく違う異様な殺気を感じたが、それを態度に現わすことはかろうじて抑えた。

戸田も心中は同じであったろうが、奉行としては絶対に表には出せない心中の葛藤が「書信」に隠されていると見て間違いない。その一つの捌け口となったのが鳳凰丸建造であった。

巡検使のトップ本多が、鴨居あたりの海岸から遥か房総の山を眺めながら、江戸湾口のみならず、日本を外敵から護るには「大船新調の外、善謀良策」はないと言ったことは前述した。

八月十五日、戸田の出した大船新造の願いが許され、その一月あと、正式に二百余年続いた大船製造禁止令が解除される。これを予想して、戸田と同じくすでに大船新調に踏み切っていたのが、薩摩藩主島津斉彬であり、やや遅れて水戸藩隠居斉昭がこれに続いた。それぞれ鳳凰丸、昇平丸、旭日丸と名づけられた三本マスト、甲板を張った近代帆船である。お椀のような和船ではなく、縦長の西洋帆船がこのとき始めて日本で造られた。

「御舟の儀、晨風丸形諸家それぞれ用意仰付けられ候やの由、さてさて御用に相立ち候えば有難く」と戸田は、他藩からの造船依頼のあったことを嬉しそうに書いている。この程度の船を「日本国の軍船と申すことは恥ずかしく」と謙遜しているが、内心の喜びは隠せない。

彼が六年前奉行になってから、これは阿部の意向もあって、従来の千石、千五百石程度の和船とはまったく別の洋式二本マスト、スループ型の帆船を中島父子、香山たちが中心となって浦賀で作っていたことは前述した。ここに名の出ている晨風丸はその成果であって、すでに富津側を守る会津藩に二艘を納め、小田原藩からも一艘注文を受けていた。そして、大船禁止解除となったいま、ずっと大型の三本マスト、バーク型の軍艦製造に着手したのであった。現在浦賀の行政センターに鳳凰丸の模型が展示されているが、有名な咸臨丸（オランダ製）のそれと比べても遜色ない構造の近代的帆船が、当時浦賀で造られたことは信じ難いくらいである。

その進行状況は「坤」によって知ることができる。早くもその年十二月には進水し、翌年五月に竣工する。ほとんど同時に着手された昇平丸に先立つこと一年、旭日丸に至っては四年後ようやく航海できるようになったことを思えば、浦賀奉行所の蓄積された造船技術を讃える外はない。

このときそれをリードしたのが戸田であるが、与力の職は三郎助に譲り隠居の身分ではあったが、清司のバックアップもあったと見てよいだろう。そもそも浦賀で軍艦を造れと言い出したのは彼だったからである。

ビッドルが浦賀を退去して間もなく、『愚意上書』と題する上申書を幕府に提出したことは前述したが、その結論は「堅固の軍船数艘用意仰付られ」る他にはなかったのである。

開国の功労者、戸田と香山の運命

この解説のはじめに、浦賀に来る黒船対策として阿部のしたことは、戸田を現地奉行としてすべてを任せたことだと書いた。それを本人の戸田が次のように『南浦書信』のなかで書いている。

「伊勢殿新部屋にて仰渡せられ候。異船内海（江戸湾）へ乗り込み候とも、江戸より応接のもの遣わされず、浦賀のもの引受け成丈け引戻し応接仕るべし」と。

この「浦賀のもの」とは、最初にサスケハナに乗り込んだ中島三郎助、堀達之助、次の日奉行と偽って乗り込んだ香山栄左衛門の三人であり、佐々倉桐太郎も供をしていたかもしれない。通詞の堀以外すべて浦賀与力の身分であり、互いに親戚の関係にあったことは前述した。

つまり戸田を軸として、彼にすべてを任せた阿部、戸田が信頼して任せた与力たち、この三者がガッチリ組んでペリーを迎えたことが、アメリカ大統領国書受領という形で、円満に鎖国が解かれた真因である。軸となる戸田を六年前から、これを見込んで浦賀奉行を命じたのは阿部の器量であり、それに見事応えたのが、有能な与力を手足として使った戸田であり、三者は心中開国を是とする同志でもあった。

「浦賀のもの」だけで引き受けるという前の引用に続いて、「出立前此事申上候事にこれ在り、たとえ江戸海へ乗込候とも決して御構い下されましく、浦賀のもの追いかけ引戻し対談仕るべく」と決意のほどを示している。

事実このときは測量のため湾内に入ったアメリカ艦船のあとに続いて、警備諸藩の船を遠避け、無用の接触を防いだのは「浦賀のもの」たちであり、引き返しの交渉に当たったのは香山であった。

香山が初めから奉行と詐称し、それが成功したことはよく知られているが、これは香山自身それにふさわしい人品と外交力を備えていたからで、交渉を重ねるうちに、ペリーの懐刀と言ってもよいダグラス参謀長と仲良しになったことは、日米双方にとって僥幸であった。

以下は書信には含まれていない事後のことであるが、翌春再び黒船が現われたとき、ダグラスは香山の顔が見えないので、どうしたんだと他の与力たちに聞いている。当時彼はその立身出世をそねむ連中にアメリカ側から音物を受けその便を図ったと陰口を叩かれ、応接委員長林大学頭によってそのメンバーから外されていたのであった。

このとき、日米間で応接地をどこにするかで揉めたとき、ペリーは浦賀で両者が交渉の最中突然艦隊を金沢沖から羽田沖近くまで乗り入れた。前回同様の威力デモである。沿岸の町筋ではまた半鐘が鳴ったに違いない。この夜香山は突然林に呼び出され、交渉の御用を勤めるよう言い渡された。もちろん阿部の指示による。翌朝香山は黒船を追って必死に走り、途中小舟に乗り移りサスケハナに追いつき、ダグラスに逢った。

ペリー始めどこに九隻の黒船を着けるか迷っているとき、香山はかねて目星をつけていた横浜海岸の水深を測ったうえで、ダグラスとピアース艦長を現地に案内した。

おそらく彼等も海上からあのあたり広い海岸がよさそうだと見ていたに違いなく、サスケハナ始め大艦を繋げる絶好の場所と見て即座に同意し、九隻はただちに横浜沖に移動した。

こうして交渉は再開され、ようやく軌道に乗った三月三日、両国代表の間で日米修好条約が結ばれるが、この晴れの場に香山の姿はなかった。前月七日、通辞の森山栄之助が長崎から出てきて、彼は御役御免となっていたからである。

七年前捕鯨船マンハッタン号が来たとき、手真似とオランダ語で通訳したころから見れば、その後アメリカ人マクドナルドから習った英語で右の和親条約成立まで、通訳として森山は期待通りの働きをした。この段階になれば微妙な政治的駆け引きはなくて、日米両者の意思疎通が充分に行なわれることが大切だった。その点森山に勝る者はいなかったからである。（ジョセフ万次郎は現地にいたが、水戸斉昭の意見で、アメリカで教育を受けたゆえ、アメリカに有利な通訳をするおそれがあるということで排除された。）

結局、日米交渉の最大の功労者香山は二度にわたって使い捨てにされた形であったが、阿部が充分それを認めて彼に酬いた経緯は後述する。

話がさらに飛ぶが、二回目の日米交渉に当たり香山同様使節団から外された戸田は、その憤懣を同藩の親友小原鉄心に書き送っている。

「一昨年来の事を存じ候ものは拙一人、井戸、伊沢は十二月十五日、後の掛り林家は正月十一日、後の人悉く新物の扱いも、拙は余り上書封書候ゆえ、御疑念も受け候哉。官途にこれ有り候物は、万事程よくいたし候方まったく御為と申し候えば、差障りも出来申し候。何に致せ結局永引き候は、掛合いのぐあい違い申さず哉。容易ならざる御時節実に心痛仕り候」（中村規一著『小原鉄心伝』）

この手紙は林を頭とする応接委員が、浦賀を離れて神奈川に去ったあとのものである。

井戸、伊沢は前々月、林は前月任命されたばかり、全員「新物」で、ペリーとの交渉は初めてである。最初からの経緯を知っているのは「拙一人」であると冒頭戸田は訴えている。

ここに名の出ている井戸は前出の鉄太郎ではなく、長崎奉行を経験した同姓の覚弘であり、伊沢政義も同じく長崎奉行を経ていて、ともにアメリカ、オランダ人と応接した経験があり、今回の交渉委員に選ばれたのであろう。

「林家」は朝鮮使節来日のときは、歴代その応接掛を命じられた家柄から、第九代煒《あきら》が今回その長となったのであろう。

今回ペリー側と最初に接触したのは、右の奉行クラスではなく、海防掛組頭の黒川嘉兵衛であったが、外国人との折衝は始めてで、ダグラスたちからはまともに相手にされず、時間が徒らに過ぎた。応接掛が浦賀にいた間は、戸田もいちおうメンバーに加わっていたようであるが、神奈川に移ってからは、取り残されて交渉の経過はまったく知らされていなかった。

前年ペリーが去ったあと「上書封書」でたびたび意見を上申したのが、うるさがられて、今回外されたのだと、何ごとも役人は上の言う通り「万事程よく」しなければならないと、自嘲して次のように結ぶ。

「しかし此度の一件に携り申さず候は、後来の口実を免れ候仕合せ、一身に取りては申分御座無く候。何卒味能く相別れたし。正月十四日以来ほとんど一ヶ月に近く、ようやく一度の応接と申すも、まったく上に御果断無く、下に定論これ無き故と、嘆息の至りに御座候。」(前掲書)

ペリーは再航に当たっては充分に準備し、まず七隻がいきなり湾内に入り、将軍への贈物を積んだ船など二隻があとに続いた。飲水や生鮮食料もタップリあり、腰を据えて和親条約を結ぼうという気勢であった。物心両面でペリーは余裕があったから、浦賀に固執するというよりできるだけ江戸には近寄らせまいとする幕府との間で、なかなか会見場所が決まらなかった。

戸田はこの様子を「上に果断これ無く、下に定論これ無き故」と批難して、交渉の成り行きを心配している。委員からははずされ、浦賀に取り残された自分はどういう結果になろうと「此度の一件」については自分に関係ない。「上」も「下」もしっかりやってくれ、という調子である。

小原宛のこの手紙には書いてないが、今度も戸田本藩から応援の兵が派遣され、小原自ら卒いて見魚崎に陣取っていた。旗差物などは伏せてなるべく目立たぬようにしていたが、林はともかく、副委員長格の井戸は余計なお世話だと嫌い、戸田との間は険悪であった。

委員の一人伊沢は浦賀から神奈川へ移ったあと、戸田に次のように謝っている。

「御役所御暇乞の節一寸申上げ候。御本家様人数の儀、対馬より厳しく御沙汰も御座候趣、段々恐れ入る事に御座候。何事も不案内にて過言申上げ候儀、何分幾重にも御仁免下さるべく候。以上。二月三日、伊沢美作守。」（拙著『開国への布石』、未來社）

伊沢は対馬即ち井戸の命で、本藩兵のことで戸田にあれこれ「過言」言いすぎたと詫びているのであるが、一方戸田本藩と姻戚にある若年寄遠藤胤続は軍中見舞として、かつお節百本、三十匁ロウソク百挺を贈り、「役人どもが彼是言っても気にするな」と励ましている。

香山もそうであるが、当面の敵というか、黒船のアメリカ人より、同じ日本人から敵視されたり、励まされたり、渦中の、それも中心人物の戸田の心労は測り知れないものがあった。

その気持を一番に察していたのは、彼を委員からはずした阿部であり、和親条約が三月十日調印成立したあと、戸田は無風地帯の留守居に廻され、休養してほとぼりのさめた四年後大坂町奉行に栄転する。その開港を控えての起用で、その出発に当たって阿部は細々とその心得を諭している。

『戸田伊豆守氏栄伝』（山村銹二著）によると、その翌年八月二十一日卒とあるが、毒殺されたと噂されている。阿部はその二年前に没していて、庇護者を失った戸田が、あのやり方で開港準備を進めれば、敵は邪魔者を消すことに躊躇しなかったであろう。

戸田と並んで開国の最大の功労者香山も、それを充分認めていた阿部によって江戸城の富士見宝蔵番四百石の地位に挙げられ、家族を連れて浦賀を離れた。地方の与力から旗本の身分に上げられただけでも大変な出世と前に書いたが、そのうえ四百石を賜わることになった香山は阿部の死後、当時の苦辛の記録を書き残し、阿部に深く謝している。おそらく平穏な老後を送ったに違いない。

南浦書信の著者であり、開国の中心人物戸田氏栄についてのことは、これで終わるが、彼が香山や中島に命じて造らせた鳳凰丸について、もう一度触れておきたい。

十二月二日の書簡に、「御軍艦も当月中旬には水卸（進水）可仕、尤、夫より帆柱等相立、仕揚ヶまではいまた手間取候得共」と書き、続いて艤装や砲の据えつけに入る用意をしている。安政元年五月四日に「浦賀ニ於テ建造中ノ幕府ノ洋型軍船鳳凰丸、竣工ス。是日、奉行戸田氏栄伊豆守、武蔵・相模沿岸ニ其試乗ヲ行フベキヲ令ス。」（『維新史料綱要　巻一』）そして五月十一日「鳳凰丸御船乗様ニ付、御奉行伊豆守殿・支配組頭辻茂右衛門殿・御用掛一同并定乗之者乗組大筒打掛有之」（『鳳凰丸御軍艦御造立より御見分済迄之書類』慶応義塾大学三田メディアセンター蔵）で試乗したことがわかる。

これだけの近代的帆船が「浦賀のもの」たちの手で造られていたことが何故最近まで忘れられていたのか。

それは浦賀という港町が、このあと歴史から消えていくのと関係があろう。このときから五年後横浜が開港され、江戸湾口を守っていた浦賀の存在意義がなくなり、町そのものが時代に取り残され、与力たちは下田や横浜に移ったあと、鳳凰丸はいわば宝の持ち腐れになったのではないか。昇平丸や旭日丸に劣らぬ遠航能力があっても、それを生かすチャンスがなく、浦賀とともに忘れられてしまったのではないだろうか。

はじめに書いた阿部正弘、牧野忠雅、松平近直等の開国への貢献が、その後の桜田門外の変の騒ぎに取り紛れ、忘れられたのと同じケースである。

開国百五十年を明年に控えて、『南浦書信』により、その扉を開いたのは誰か明らかになったことを喜びたい。

監修者あとがき

「ペリーが浦賀に初めて来航してから百五十年」が明年である。

横須賀市浦賀に居住して、「中島三郎助研究会」「歴史研究会」「古文書研究会」などのグループに入って、当時の文献などあれこれ読んでいるうち、「何か記念になるようなことができないか」と思うようになった。

以前に「中島三郎助研究会」で読んだ「南浦書信」を、「浦賀近世史研究会」の四人のメンバー(鈴木肇、古谷彦逸、町田康子、佐藤由紀子)で再度読み直しているうち戸田伊豆守氏栄の直截な文章と、非公開の文書でなければ触れられない内容に非常な感動を覚え、これこそ後に残さなければ、との思いにかられるようになった。

幸いにも「横須賀開国史研究会」で土居良三氏の謦咳に接し、ご指導を受けることができるようになり、さらに同氏のご紹介によって、当時東京大学史料編纂所にいらっしゃった宮地正人教授から、直接ご指導を受け、なお素人のわれわれの原稿に目をとおしていただき加筆訂正をもいただける幸運に恵まれ、そのうえ、「浦賀奉行については浦賀の人々で研究しなければ」と激励さえ受けた。

いまこうして「南浦書信」が上梓されるのも、地元浦賀でわれわれを支えてくれた村上太氏をはじめ仲間たちの熱い声援と、何といっても土居良三氏・宮地正人教授のご懇篤なご指導がなければ、とうてい不可能であったと幸運を感謝するのみである。

「南浦書信」でなんとも口惜しいのは、井戸鉄太郎弘道からの文書がないことと、ペリーが来航した六月三日前後の文書がないことである。われわれはもしやの期待をもって、戸田家の菩提寺円立寺のある岐阜県谷汲村や、井戸家の菩提寺法養寺などに伝手を求めた。その結果、谷汲村の三島晃映氏から同村にある戸田家陣屋・位牌などの写真をお送りいただき、さらに、同氏から円立寺のご住職をつうじて、戸田伊豆守から四代の末裔戸田忠寛氏を紹介していただいた。戸田忠寛氏からお聞きしたところ、同家は震災・戦災の業火により全てと言っていいほどの史料を焼失され、わずかに残った貴重な史料や写真をわれわれにご提供くださった。

いまその史料の内容に深く触れ得ないが、同家に伝わる二点だけ触れさせていただく。即ち、一点は「氏栄」の読みが吉川弘文館刊『明治維新人名辞典』などで使用する「うじよし」でなく「うじひで」であること、また一点は、氏栄の死亡日と死因について、同家には「七月二十日毒殺」と伝えられていることである。この点、前者は氏名の読みのことで容易に確定できないであろう。後者については宮地先生から、戸田氏栄が大坂町奉行時代使用していた用人で、氏栄の遺骨を江戸まで搬送した野々村市之進の「手留」が、東京大学史料編纂所に所蔵されていると教えていただいた。克明に記されている「手留」のなかからは、「毒殺」をにおわせる言葉は見出せず、「七月十九之夜九ツ時過殿様御不例之処、七時過追々御大病云々」「七月二十五日……御密葬」とあり、「病死」であったと思われる。同年八月十三日付で岩瀬忠震が木村芥舟宛に出した書簡に「戸田豆州頓死之由」とあり、当時の状況から毒殺説もながれたであろうし、私もまた「南浦書信」を読むにつれ、氏栄の一徹な性格と当時の世情などから、毒殺説もむべなるかなと思った。

井戸家については、法養寺のご住職から、現在ご高齢かつご病身の女性一人が居られるとお伺いしたが、それ以外のことはわからない。

したがって、「南浦書信」を補完できる何かについては、現在われわれは持ち合わせていない。これから埋もれている史料が世に出ることを、もっぱら期待している。

それにつけても、戸田忠寛氏、三島晃映氏、円立寺・法養寺のご住職がたからいただいたご親交とご援助はとうてい忘れられない。ここに深く御礼申し上げる。

最後に、土居良三氏のご紹介により、われわれ素人のあつかましい出版希望を、快くおひきうけ下さった未來社の西谷能英社長に厚く御礼申し上げる。

これからも浦賀の地で、仲間とともに、浦賀をめぐる歴史を勉強したいと思っている。皆様方のなおいっそうのご援助をお願い申上げる次第である。

二〇〇二年一月七日

「浦賀近世史研究会」の四人を代表して

鈴木　肇

年表

和暦	干支	西暦	記事（月日の特定できないものは月のみ）
文政五	壬午	（一八二二）	四・二十九　イギリス捕鯨船サラセン号浦賀来航
同八	乙酉	（一八二五）	二・十八　幕府、無二念打払令
天保八	乙酉	（一八三七）	六・二十八　アメリカ商船モリソン号浦賀来航、平根山台場より砲撃
同一三	壬寅	（一八四二）	七・二十三　幕府、無二念打払令を撤回、文化三年の薪水給与令に復す 八・三　幕府、江戸湾警備について浦賀奉行中心の体制を改め、相模の海防を川越藩松平斉典、房総を忍藩主松平忠国に命ず
同一四	卯		閏九・十一　阿部伊勢守正弘、老中就任
天保十五	甲辰	（一八四四）	七　オランダ国王、開国勧告の書簡提出
弘化二	乙巳	（一八四五）	三・十一　アメリカ捕鯨船マンハッタン号浦賀来航、漂流民二二名送還 六　幕府、オランダ国王に返翰、開国勧告を拒む
同三	丙午	（一八四六）	閏五・二十七　アメリカ東印度艦隊司令長官ビットル、軍艦二艘を率い浦賀来航
同四	丁未	（一八四七）	二・九　戸田氏栄、浦賀奉行に就任 二・十五　幕府、海防体制強化、相模側に川越・彦根藩、房総側に忍・会津藩を配置、四藩警備体制とする 三・十九　幕府、四藩の警備地域を定め、相模は鎌倉～野比以南を彦根藩、以北を川越藩、房総は富津～竹ケ岡以北を会津藩、以南を忍藩の担当とした 四・十六　幕府、浦賀奉行の警備担当を平根山・鶴崎両砲台とし、外国船との交渉を主務とする

嘉永元　戊辰（一八四八）　五・二十七　浅野長祚、浦賀奉行に就任（大久保忠豊の後任）
七・二十八　幕府、浦賀奉行の班を進めて諸大夫場長崎奉行の次席となす
五・二十二　浦賀奉行所の与力六人・同心一〇人増員（与力増員中に小笠原甫三郎）

同二　己酉（一八四九）　二　浦賀奉行要請の西洋型船の製造決定（蒼準丸）
閏四・八　イギリス軍艦マリーナ号城ヶ島沖に来航、浦賀奉行組与力が応対し、千代ケ崎に誘導停泊、四・十七出港

同三　庚戌（一八五〇）　七・一　浦賀奉行所の船倉より出火、蒼準丸・千里丸・日吉丸全焼、下田丸半焼

同五　壬子（一八五二）　四・十五　水野忠篤（忠徳）、浦賀奉行に就任（浅野長祚の後任）
五・二　幕府、浦賀奉行所所管の千代ケ崎砲台を彦根藩に移管し、浦賀奉行は湊内警備と外国船応接を専任とする
八・十七　オランダ商館長クルチウス、東インド総督の書簡を長崎奉行に呈し、明年アメリカ使節が来日し、開国を求むことを予告、通商条約案を提示す

同六　癸丑（一八五三）　四・二十八　井戸弘道、浦賀奉行に就任（水野忠篤の後任）
六・三　アメリカ使節ペリー提督、軍艦四艘を率い、浦賀来航　浦賀奉行組与力中島三郎助、長崎回航を求むも拒否される
六・四　浦賀奉行組与力香山栄左衛門、退去交渉に当たる
六・七　香山、九日国書受理を伝える
六・九　ペリー、久里浜に上陸、浦賀奉行戸田伊豆守・井戸石見守にアメリカ大統領の親書を渡す
六・十二　ペリー退去
七・十八　ロシア使節プチャーチン、軍艦四艘を率い、長崎に来航し国書受理を要求
八・十六　浦賀奉行戸田・井戸が先に上申していた、浦賀における軍艦製造許可願

いに対し、三奉行が賛成を答申
九・三　浦賀奉行組与力香山栄左衛門、御譜代取立て
九・五　浦賀奉行上申の軍艦製造命令
九・七　浦賀奉行組与力香山栄左衛門以下与力・同心一〇名を御船製造掛に任命
九・十五　幕府、大型船建造解禁
十一・十四　幕府、彦根藩・川越藩の相模警備を免じ、代わりに萩藩主毛利慶親・熊本藩主細川斉護に命ず
十一・十四　浦賀奉行の役高二千石となる
十二・五　ロシア使節プチャーチン、軍艦四艘を率い長崎再来航
十二・十五　井戸石見守、大目付就任
十二・十五　伊沢美作守政義、浦賀奉行就任（井戸の後任）
十二・十六　幕府、予め、大目付井戸弘道・町奉行井戸覚弘・目付鵜殿長鋭・同堀利忠らに外艦浦賀渡来時の応接を命ず

嘉永七　甲寅（一八五四）
一・十四　ペリー艦隊、江戸湾に来航
同年
五・四　浦賀に於て建造中の幕府の洋型軍艦鳳凰丸竣工

歴代浦賀奉行一覧

	任免年月日	氏名	持高	前職	後職
1	享保五年二月二十一日～ 同九年八月三日	堀隠岐守利喬	三五〇〇石	下田奉行	辞任
2	享保九年八月二十九日～ 同十八年九月二十四日	妻木平四郎頼隆	三五〇〇石	使番	西丸留守居
3	享保十八年九月二十四日～ 寛保四年二月四日	一色宮内直賢	三五〇〇石	使番	辞任
4	寛保四年二月十五日～ 宝暦四年八月十五日	青山斉宮賢直	三〇〇〇石	目付	西丸留守居
5	宝暦四年八月十五日～ 同七年九月六日	興津内記忠通	二八〇〇石	使番	大坂町奉行
6	宝暦七年九月六日～ 明和四年九月一日	久永修理政温	四〇〇〇石	使番	持頭
7	明和四年九月十日～ 安永三年正月二十六日	松平藤十郎定篤	一五〇〇石	目付	小普請奉行

8	安永三年二月八日～ 同四年十二月三日	久世平九郎広民	三〇〇〇石	小普請支配	辞任
9	安永四年十二月九日～ 天明元年六月一日	林藤五郎忠篤	三〇〇〇石	持頭	一橋殿家老
10	天明元年六月十五日～ 同七年八月十二日	久世斧三郎広業	五〇〇〇石	寄合	辞任
11	天明七年八月二十六日～ 同八年九月十日	初鹿野伝右衛門信興	一二〇〇石	目付	町奉行
12	天明八年九月二十八日～ 寛政九年六月二十七日	仙石治左衛門政寅	二七〇〇石	徒頭	堺奉行
13	寛政九年七月十九日～ 同十年七月二十日	山本伊予守茂孫	一〇〇〇石	先手	佐渡奉行
14	寛政十年七月二十日～ 同十二年十一月二十日	秋元隼人保明	四五〇〇石	小普請組支配	西丸小姓組番頭
15	寛政十二年十一月二十日～ 享和三年二月十七日	水野伯耆守忠良	二五〇〇石	新番頭	仙洞付
16	享和三年三月八日～ 文化二年三月八日	仙石弥兵衛久功	四七〇〇石	小普請組支配	日光奉行
17	文化二年三月二十日～ 同三年五月十七日	酒井近江守忠頼	三〇〇〇石	新番頭	辞任

18	文化三年七月一日～同四年六月二十三日	一柳献吉直郷	五〇〇〇石	火消役	御役御免
19	文化四年六月二十四日～同八年九月十日	岩本石見守正倫	二〇〇〇石	小普請組支配	小姓組番頭格
20	文化八年九月晦日～同十年二月二十四日	佐藤美濃守信顕	三二〇〇石	寄合肝煎	西丸小姓組番頭
21	文化十年二月二十四日～文政五年四月二十四日	内藤外記正弘(伊豆守)	五七〇〇石	小普請組支配	卒
22	文政二年正月二十五日～同四年七月十二日	筑紫佐渡守孝門	三〇〇〇石	中奥小姓	日光奉行
23	文政四年七月十二日～同八年三月二十八日	小笠原弾正長休	五〇〇〇石	小普請組支配	小姓組番頭
24	文政五年五月十日～天保二年九月十一日	内藤十次郎忠恒	五〇〇〇石	小普請組支配	卒
25	文政八年四月十二日～同十年七月二十九日	勝田帯刀元寿	三〇〇〇石	寄合肝煎	辞任
26	文政十年八月八日～同十三年三月二十八日	大久保四郎左衛門忠学	六〇〇〇石	小普請組支配	甲府勤番支配
27	文政十三年三月二十八日～天保七年正月十九日	渡辺甲斐守輝綱	三一〇〇石	小普請組支配	作事奉行

28	天保 二年 九月 二十日〜 同 八年 十月 八日	秋田中務秀穀	五〇〇〇石	小普請組支配	小姓組番頭
29	天保 七年 三月 八日〜 同 十年 三月 十五日	大田運八郎資統	三〇〇〇石	大坂船手	先手
30	天保 八年十一月 一日〜 同十二年 九月二十四日	池田将監頼方	三〇〇〇石	西丸目付	奈良奉行
31	天保 十年 三月二十四日〜 同十三年 三月二十八日	伊沢美作守政義	三二五〇石	小普請組支配	長崎奉行
32	天保十二年 十月 八日〜 同十四年 二月 一日	坪内左京定保	五五三三石	小普請組支配	西丸小姓組番頭
33	天保十三年 五月 十日〜 同十三年十二月二十四日	小笠原加賀守長穀	五〇〇〇石	中奥小姓	下田奉行
34	天保十四年 二月 一日〜 同十五年 二月 八日	遠山安芸守景高	六二三二石	小姓組番頭	大番頭
35	天保十五年 二月 八日〜 弘化 二年 三月 二十日	土岐丹波守頼旨	三五〇〇石	下田奉行	大目付
36	天保十五年 五月二十四日〜 同十五年 八月 十二日	田中一郎右衛門勝行	一〇六〇石	羽田奉行	卒
37	天保十五年 九月 十五日〜 弘化 四年 五月 十二日	大久保因幡守忠豊	五〇〇〇石	小姓組番頭	書院番頭

38	弘化　二年　三月二十八日～ 同　四年　二月　九日	一柳一太郎直方	五〇〇〇石	寄合肝煎	日光奉行
39	弘化　四年　二月　九日～ 嘉永　七年　六月　四日	戸田寛十郎氏栄 (伊豆守)	五〇〇石	日光奉行	西丸留守居
40	弘化　四年　五月二十七日～ 嘉永　五年閏二月　十日	浅野中務少輔長祚	三五〇〇石	先手	京都町奉行
41	嘉永　五年　四月　十五日～ 同　六年　四月二十八日	水野甲子次郎忠篤 (筑後守)	四〇〇石	先手火附盗賊改 加役	長崎奉行
42	嘉永　六年　四月二十八日～ 同　六年十二月　十五日	井戸鉄太郎弘道 (石見守)	五〇〇石	目付	大目付
43	嘉永　六年十二月　十五日～ 同　七年　三月二十四日	伊沢美作守政義	三五〇〇石	寄合	下田奉行
44	嘉永　七年　四月　七日～ 安政　三年　正月二十二日	松平伊予守信武	四〇〇〇石	小姓組番頭	大番頭
45	嘉永　七年　六月　四日～ 安政　四年　二月　九日	土岐豊前守朝昌	七〇〇〇石	書院番頭	書院番頭
46	安政　三年　二月　八日～ 同　六年　八月　三日	溝口讃岐守直清	五〇〇〇石	書院番頭	外国奉行
47	安政　四年　三月　十三日～ 同　五年　六月　五日	小笠原長門守長常	三〇〇〇石	甲府勤番支配	京都町奉行

48	安政 五年 六月 五日〜 文久 二年 十月 十七日	坂井右近将監政輝	八〇〇石	先手火附盗賊改 加役	鎗奉行
49	安政 六年 九月 十日〜 万延 元年 十月 五日	小笠原弥八郎長儀 (肥前守)	四五〇〇石	小普請組支配	卒
50	万延 二年 正月二十三日〜 文久 二年 七月 五日	渡辺肥後守孝綱	三一〇〇石	新番頭	小姓組番頭
51	文久 二年 十月 十七日〜 元治 二年 正月二十九日	大久保土佐守忠董	二五〇石	京都町奉行	御役御免寄合
52	元治 元年十二月二十一日〜 慶応 四年 五月 一日	土方出雲守勝敬	一五〇〇石	作事奉行	御役御免寄合

戸田氏鉄。寛永十二年（一六三五）摂津尼崎から大垣に移封（十万石）。大垣藩戸田氏初代。

氏鉄の六男氏好が四千石を分与され、谷汲村深坂に陣屋を構え、のち牛洞に陣屋を移した。牛洞戸田家初代。

氏好の二男氏道が氏好から五百石を分与され、深坂に陣屋を設けた。深坂戸田家初代。

戸田氏略系（―嫡系　＝養嗣）

氏鉄《うじかね》（大垣）

―氏信―氏西《うじあき》―氏定―氏長―氏英―氏教―氏庸《うじつね》―氏正―氏彬《うじあきら》　氏共《うじたか》

―氏経（大垣新田）―氏利―氏成《うじしげ》＝氏房―氏之―氏養《うじきよ》―氏興―氏宥《うじのり》―氏綏《うじやす》―氏良

―氏好（牛洞）―氏胤《うじたね》―氏常＝氏香―氏休《うじよし》―氏純―氏永―氏寧―氏寿―氏益

　　　　　　―氏道（深坂）＝氏紀《うじよし》＝氏善＝氏孟《うじたけ》―氏友―氏栄―氏功《うじいそ》

浦賀近世史研究会
（代表：鈴木肇）
連絡先　神奈川県横須賀市南浦賀 7-1

南浦書信

発行――二〇〇二年三月二十九日　初版第一刷発行

定価――（本体二〇〇〇円＋税）

監　修――浦賀近世史研究会

発行者――西谷能英

発行所――株式会社　未來社

東京都文京区小石川三―七―二
振替〇〇一七〇―三―八七三八五
電話・（03）3814-5521-4（営業部）048-450-0681/2
http://www.miraisha.co.jp/
Email: info@miraisha.co.jp

印刷――精興社

製本――富士製本

ISBN 4-624-11188-9 C0021

（消費税別）

土居良三著
開国への布石
評伝・老中首座阿部正弘

一八五三年、ペリー来航の際「鎖国」を解いた老中首座・阿部伊勢守正弘。当時から毀誉褒貶の激しいこの人物の生涯を、幕末人物評伝の第一人者が新資料から描く。 三五〇〇円

土居良三著
咸臨丸海を渡る
曾祖父・長尾幸作の日記より

一八六〇年、咸臨丸は日本の船として初めて太平洋横断に成功。この壮挙の実相と乗組員の実像を、曾祖父の日記等の一次史料によって再構成した大冊。【一九九四年和辻哲郎文化賞受賞】 四五〇〇円

白井堯子著
福沢諭吉と宣教師たち

〔知られざる明治期の日英関係〕英国国教会の史料から、福沢諭吉と宣教師の密接な交流を示す一〇〇通余りの書簡・報告書を発掘。福沢研究に画期的前進をもたらす新事実を紹介。 三八〇〇円

比較史・比較歴史教育研究会編
自国史と世界史

〔歴史教育の国際化をもとめて〕自国史と世界史はどう位置づけ理解されるべきか。新たな歴史教育のあり方をもとめる海外の歴史家も交えた研究者・教師による報告。 二四〇〇円

コラール著／小島威彦訳
アジアの旅

〔風景と文化・日本・香港・フィリピン・カンボジア・タイ・インド〕『ヨーロッパの略奪』の独得の歴史観で注目を集めた著者の、するどい洞察力と豊かな感受性にあふれた旅の文化史。 二五〇〇円

ルネ・ジロー著／濱口學・渡邊啓貴他訳
国際関係史 1871-1914年

〔ヨーロッパ外交、民族と帝国主義〕国際関係を左右する直接の要因・深層の要因とは何か。ヨーロッパ列強と関係諸国・地域の動きを民衆心理にわけ入り検証したすぐれた通史。 四八〇〇円